PR4.0への提言

新しい「企業価値」を創出する

電通PRコンサルティング

宣伝会議

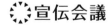

はじめに

「レピュテーションマネジメント」とは、言葉のとおり「レピュテーション（reputation、評判・世評）」を「マネジメント（management、管理）」することであり、企業・団体が自身の評判を高めたり、風評被害や悪い評価への対策や対応をしたりすることを指します。

近年、このレピュテーションマネジメントの焦点はデジタル化されたコミュニケーションに移行しています。それはスマートフォンの普及拡大により、企業・団体に対する評判が良くも悪くも瞬く間に広がるようになったからです。またその中には誤情報やフェイクニュースなどが混ざっていることもあり、情報が真実であるかどうかを見極めつつ、組織の評判を毀損しないよう適切かつ迅速に対応することが必要です。その重要性は年々高まり、レピュテーションマネジメントがPR（パブリックリレーションズ）の根幹をなしているといっても過言ではありません。なぜなら、組織が社会的な存在意義を示し、サステナブルな成長を続けるためには、さまざまなステークホルダーを含む〝パブリック（社会全般）〟からの正当な評価を構築せねばならないからです。そのときコントロールの効かない評判をいかに適切に管理するかが肝要なのです。

本書ではオーディエンス（情報の受取手）やビジネス環境の変化を背景にしつつ、企業や団体が向き合うさまざまな課題としてサステナビリティやインターナルコミュニケーションズへの取り組み、リスク・イシューマネジメントなどの潮流について、各章で取り上げました。これらの領域は「データで読み解く企業ブランディングの未来」と題し、弊社が２０２０年から3年間、月刊『広報会議』に連載した中でも、特に多く登場したテーマと重なります。

ＡＩなどのテクノロジーの進化を受け、人々や社会の意識や行動がさらにこれからどう変遷していくのか、そして今後、ますます多様化、複雑化する社会に対し、どう対応していくべきなのか、それらを推察しながら新たな局面でのＰＲのあり方を提示できればと考えています。

なお、各章はそれぞれのテーマで完結した内容になっており、さまざまな専門分野を担当する読者を想定し、興味関心があるテーマを選別して読むこともできます。最終章の第7章ではこれらのまとめとして新たな局面となる「ＰＲ４・０」とはどのようなゴールなのかを示唆しています。

今後のみなさまのコミュニケーション戦略策定の一助に、またＰＲの知見を整理し、議論のきっかけとなれば大変うれしく思います。

株式会社電通ＰＲコンサルティング　執行役員　井口 理

はじめに　002

序章　PRの進化　009

第1章
グローバルメディアの潮流とオーディエンスの多様性　015

PRの中核を担うメディアリレーションズ／ブランドジャーナリズムの台頭／フェイクニュースの氾濫／スマホとソーシャルメディアの登場はジャーナリズムをどう変えた？／「デジタルファースト」「サブスクリプションファースト」の海外メディア／「解説者」になることが期待されるPRの実務家／メディアにおける多様性の視点／日本における報道の多様性／多様性を重視したコミュニケーション／自治体や政府も乗り出す海外でのジェンダーバイアスの撤廃／ステレオタイプやバイアスが引き起こす炎上

Column **キャスターなどの男女比50%ずつをめざす、英国放送協会BBC「50：50プロジェクト」**　034

第2章
多様化・複雑化する広報・PR戦略　035

ターゲットの設定～マイクロコミュニティの時代へ／インフルエンサーの起用～自然拡散される情報とは／目標設定～ありたき姿に至るシナリオづくりとは／戦略策定プロセス～どのように企業価値を創出すればよいか／成果の把握～評価される取り組みとは

Column **マイクロコミュニティとのエンゲージメント**　044

Interview 置かれた状況を的確に判断し、自身の存在意義を示す『防衛省の広報戦略』とは 055

第3章

人的資本経営の鍵となるパーパス・理念起点のインターナルブランディング 067

近年ますます高まるインターナルブランディングの重要性／転職が前提？採用PRから始まるインターナルブランディング／応募人数よりどれだけ自社の理念に共感する人材を見つけられるか／業績が好調な企業ほど、パーパスや企業理念の浸透や仕組みづくりに余念なし／今日離職した社員は明日の顧客、リターン採用も有効活用／社員のエンゲージメントの高低差が、パーパスや企業理念の浸透に影響／パーパス浸透を軸としたモチベーションマネジメントの重要性がより鮮明に／強いリーダーが強い組織をつくるとは限らない／自社の理念を知る機会は、経営トップのプレゼンより「社内報」／「従業員が自社のパーパスを共有する場」として企業ミュージアムに再注目／社員のモチベーションとエンゲージメントの重要性／シニア層のモチベーションをどう高めていくか

Interview 理念への共感とフラットな組織づくりで成果をあげるヤッホー流、人的資本経営 089

第4章

浸透したSDGs、実践へ移行するESG経営 ～企業の本気度が注視される時代へ～ 101

企業におけるSDGs対応への高い関心は継続／企業が本気で取り組み始めたESG経営の現在地／SDGsやESGへの取り組みの実態／取り組みはもはや当たり前　取り組まない

リスクと「ウォッシュ」の問題／正当な評価獲得に翻弄される企業／見逃せない反ESGの動きも／「何に取り組むか」より「なぜ必要なのか」／企業と社会のサスティナビリティを目指すパブリックリレーションズ活動を
Interview 「世界を素から変えていく」三井化学の矜持と覚悟 123

第5章
ESGコンシャスな時代のレピュテーショナルリスクの管理 137
経営のデジタライゼーション／ソーシャルメディアが企業リスクに与えた影響／近年のリスク傾向1 複雑化・多様化するリスク／近年のリスク傾向2 意思表示を求められる企業／企業によるリスクへの対応1 企業が臨むべき姿勢、あるべき姿勢／企業によるリスクへの対応2 リーダーが持つべき視点／企業によるリスクへの対応3 ミスを責めない文化
Interview DX with Security DX時代の企業リスクへの新たなアプローチ 153

第6章
企業に求められる社会課題解決とは 159
企業による社会課題解決への取り組み背景／生活者が企業に解決を求める社会課題とは／企業における社会課題解決の意義／ステークホルダーの夢の実現をサポートする／社会課題解決のコミュニケーション活用／イシューカレンダーの活用
Interview 「東北の繁栄なくして当社の発展なし」、東北電力の地域に寄り添う経営とは 180

第7章
PR4・0実践に向け留意すべき7つの視点　189
視点1　外部環境の変化とコミュニケーションの変遷／視点2　マスメディアからマステーマへ　メディアでくくれない多様な生活者、「フラクチャード・オーディエンス」と向き合う／視点3　ブランド・アクティビズム　商品やサービスだけではなく、それを送り出す企業とそのスタンスを見る時代に／意見を表明しない者に付いていく者なし／視点4　パーパス　意見表明から、寄り添う立ち位置へ／視点5　ナラティブ　発したメッセージは受け手側のものに。どう語られたかに向き合うレピュテーション・マネジメント／視点6　コレクティブ・インパクト　各レイヤーでの緩やかなつながりが共創を促し、イノベーションを生み出す／視点7　ソーシャルコミットメント　「PR4・0」に向けて、傾聴のスタンスをベースに「身の丈の社会貢献」から「ソーシャルコミットメント」へ
Column　既存ルールを変えようと、ブランドが積極的に動いた　NIKE「Swoosh Vote」キャンペーン　198
Column　社会を変える担い手は、個人か企業か行政か？　211
おわりに　216
解説　次なる段階へと進める広報部門とは――『PR4・0』に寄せて
「広報会議」編集長　浦野有代　218

序章

PRの進化

テクノロジーの進化、生活者の情報消費行動の変化、そして社会的価値観の移り変わりにより、PRは常に進化しています。そのため、PRのプロフェッショナルは、ターゲットオーディエンスと効果的なコミュニケーションをとる上で、これらの変化に合わせて戦略、および戦術を適応させる能力が求められます。

本書では、前半にオーディエンスとビジネス環境の変化について考察し、後半はオーディエンス含む社会が企業やブランドに求めるもの、そしてそれらにどのように向き合い、レピュテーションを管理すべきかを議論するものです。その上で、これまでのPRの進化を振り返り、今後起こりうるPRの展望を予測し、どう対応していくべきか提唱しております。

20世紀初頭、アメリカでPR（パブリックリレーションズ）の概念が広まってから、地域差があれども、PRはこれまで進化を続けてきました。そして、過去、PRの業界団体などにより、時代や社会背景によってそのめざすべき方向性などが議論され、PRの定義は更新されてきました。

何人かのPRの実務家は、新しいテクノロジーの登場とそれを受けて変化したPRの手法で、PRの進化をPR1·0、2·0、3·0、4·0と分けています。本書を執筆している2023年現在、すでにPR6·0を語る専門家もいます。

本書では、PRの進化を手法ではなく、その社会的存在意義をより本質的に議論するため〝ゴールのありかた〟で、4つのフェーズに分けています。PRのゴールについては、PR活動の目指すべき成果として捉え、「バルセロナ原則」の出現前と、その後の更新を受けて分類しています。「バルセロナ原則」とは、世界的に採択されている、コミュニケーションの効果測定の考え方をまとめたもので、PRのゴールや成果を考える上で指針となる原則となっています。

この原則は、ロンドンに本部を置くコミュニケーション効果測定・評価協会（AMEC：International Association for Measurement and Evaluation of Communication）が2010年にバルセロナで開催した国際会議で、世界33カ国のPR専門家によって初めて発表されました。

以後、この「バルセロナ原則」は、「バルセロナ原則2・0」「バルセロナ原則3・0」といった形で更新が加えられています。

PR1・0：情報拡散を目的とするPR

パブリシティが主な目的であった頃のPRです。PR＝パブリシティで、〝情報拡散〟がPRの主な目的とされていた時代です。今も情報拡散を目的とするコミュニケーション活動は存在しますが、それはPRのプロセスの一部であり、ゴールではないと多くの実務家が認めるところです。

PR2・0：アウトプットからアウトカムへ

2010年、バルセロナ原則ができました。この原則では、PRの効果測定では、アウトプットだけではなくアウトカムを測定すべきであるとしました。パブリシティの量だけではなく、売上向上、投票率向上、法律改正など、実質的な成果まで出すことが重視されるようになったのがPR2・0です。そしてこれまで広く行われてきたパブリシティの広告費換算はPRの価値を測定するものではないとし、否定しました。

PR3・0：インパクトも評価される時代に

2020年、バルセロナ原則3・0が発表されました。効果測定ではアウトカムに加え、〝潜在的なインパクト〟を明らかにすべきであるという文言が加わりました。同年のカンヌライオンズのPR部門の審査基準にも〝インパクト〟という言葉が入り、キャンペーンの社会に与えるインパクトが評価されるようになりました。一組織だけのアウトカムだけではなく、世の中に広く良いインパクトを与えたかを重視する時代となったのです。現在がこの段階です。

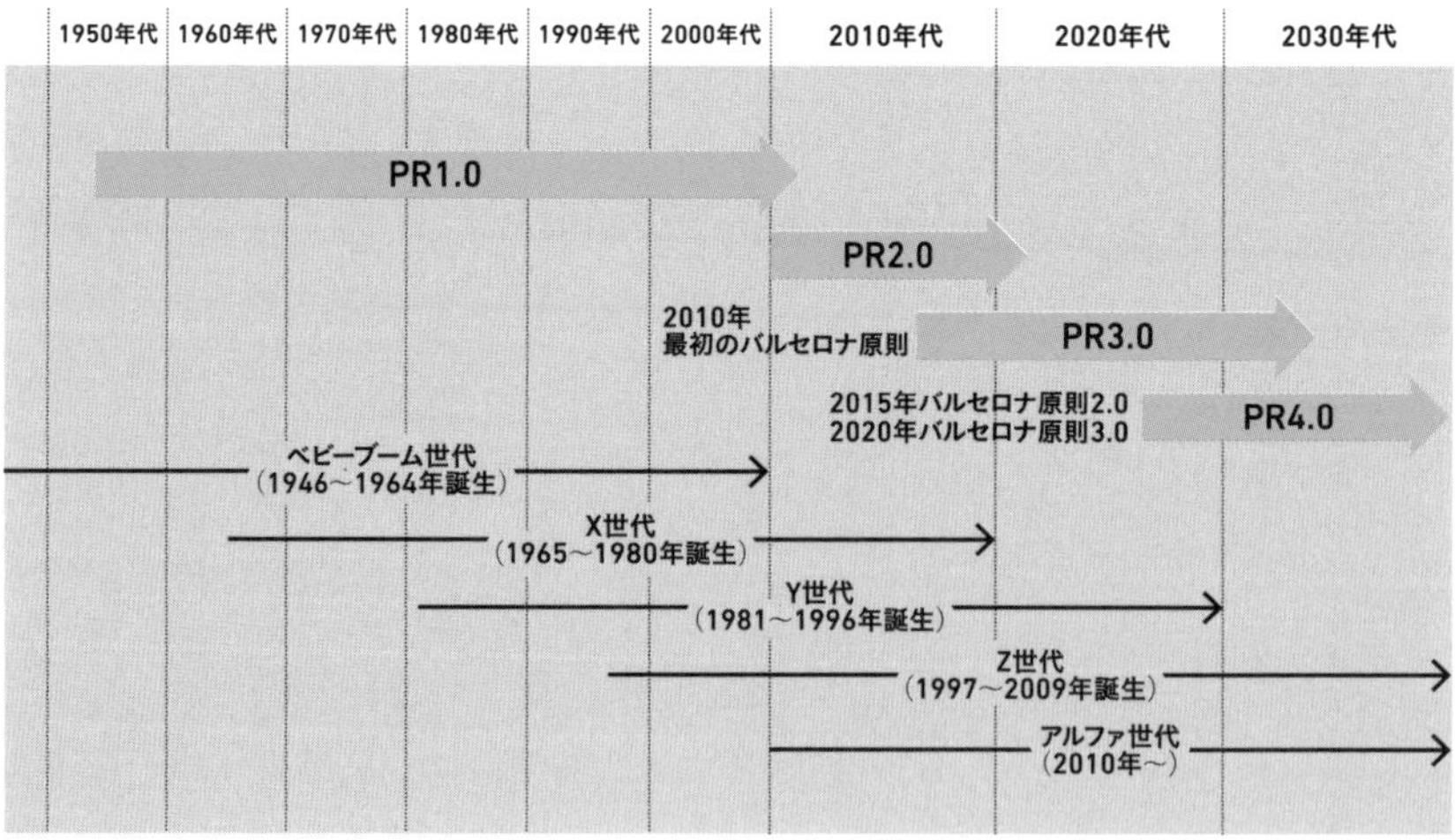

PRの進化

そして本書のタイトルでもあるＰＲ４・０。ＰＲは今後どういった方向に進むのでしょうか？本書では企業やブランドに対する社会からの期待を受け、レピュテーションマネジメントの過程でＰＲに求められる役割やゴールについて提示し、ＰＲ４・０がどのようなものになるのか論じていきたいと思っております。

バルセロナ原則3.0

1. ゴールの設定は、コミュニケーションのプランニング、測定、評価に絶対的に必要なものである。
2. 測定と評価はアウトプット（施策の成果）、アウトカム（目標に対する成果）に加え、潜在的なインパクトを明らかにすべきである。
3. ステークホルダー、社会、そして組織のために、アウトカムとインパクトを明らかにすべきである。
4. コミュニケーションの測定と評価は、質と量の両方を含む必要がある。
5. 広告換算はコミュニケーションの価値を測定するものではない。
6. ホリスティックなコミュニケーションの測定と評価には、オンラインとオフラインの両チャネルを含む。
7. コミュニケーションの測定と評価は、学びとインサイトを導くため、誠実さと透明性に基づくべきである。

第1章

グローバルメディアの潮流とオーディエンスの多様性

パブリックリレーションズ（PR）の実務家とメディアは、その目的は違っても、パブリックに対して情報やストーリーを伝えるという共通の側面があります。PRの実務家は、組織内のPR担当者であれ、外部のPR会社であれ、ジャーナリストと彼らが属するメディアを介して、情報を世の中に伝えていきます。一方でジャーナリストは、PRの実務家をニュースの情報源として取材することがあり、両者は共存関係にあります。

本章では、先進的なグローバルメディアの潮流を考察し、PRの実務家が、メディアや生活者の情報消費のスタイルの変化にどう応じていけばよいかを提案します。

PRの中核を担うメディアリレーションズ

PR業界でPESO（Paid、Earned、Shared、Owned）メディアという統合的なアプローチが登場したのは、2010年頃です。当時、米大手PR会社フライシュマン・ヒラードにいた故Don Bartholomew氏が「Social Media Explorer」（2010年5月12日）に寄稿した記事「The Digitization of Research and Measurement in Public Relations」にPESOについて語られた記録が残っています。

ＰＲの実務家が、「アーンドメディア(Earned Media)」だけではなく、「広告(Paid Media)」「オウンドメディア(Owned Media)」「シェアードメディア(Shared Media)」における情報流通全体を管理していくという発想です。

中でもパブリックリレーションズ(ＰＲ)の実務の中核となってきたのが、「Earned Media」です。Don Bartholomew氏の分類では、メディアリレーションズだけではなく、ブロガーリレーションズなども含む情報発信によって生み出されたサード・パーティー・コンテンツであり、ニュースメディアの報道だけではなく、ブログ記事なども含まれます。

ニュースメディアによる報道には、企業やブランドからメディア(ジャーナリスト)に働きかける「メディアリレーションズ」によって生まれるものと、メディア(ジャーナリスト)による独自取材によって生み出されるオーガニックなものがあります。

ここでいうオーガニックとは、ブランドや企業からの働きかけなしで、取材・報道がメディアの自主的な判断によって行われるものという意味です。

逆に前者のメディアリレーションズは、例えば「プレスリリース」「記者会見」「個別インタビュー」などの形で、ニュースメディアに向けて情報を発信し、記事化してもらうといったアプローチです。

ブランドジャーナリズムの台頭

ＰＥＳＯメディアというモデルが広まってしばらくすると、企業やブランドが自らのメディア（＝オウンドメディア）を使って発信する「ブランドジャーナリズム」が注目されるようになりました。ニュースメディアを飛び越して、直接生活者にストーリーを届けることに重きが置かれ、「Owned Media（オウンドメディア）」の重要性が高まりました。

企業やブランドは、平時においては、オウンドメディアでＳＤＧｓに関する情報など「ブランド・ニュース」を直接生活者に届けることができます。発信したい情報はコントロールでき、伝えたいストーリーは伝えたい形で発信できるのです。

しかし、リスク発生時など、「リアル・ニュース」が発生すると、ＰＲの実務家はニュースメディアと対峙《たいじ》せざるを得なくなります。そこでは、聞かれたくないこと、話したくないことも、逃げ隠れせず正直に、誠実に伝えていく必要があります。ファイナンシャルコミュニケーションズやリスクマネージメントでは〝クリエイティビティ〟という能力は無用となるのです。

フェイクニュースの氾濫

今や意図的に流されるフェイクニュース、人工知能（ＡＩ）技術で作成された偽動画「ディープフェイク」、意図しない誤情報、さらに間違ってはいないまでも切りとられたミスリーディングな情報が飛び交う中、プロフェッショナルなジャーナリストのつくり出すコンテンツへの信頼は高まるばかりです。過去の米大統領選においてもフェイクニュースは横行し、投票行為に影響を及ぼすなど、民主主義の根幹を揺るがすような事態が起きています。

その対策の一部として、2024年の大統領選を前に、Googleは2023年9月6日、政治広告に関するポリシーの変更を発表しました。AIで生成したコンテンツを含む選挙関連の広告を掲載する広告主は、AIを使用したことを明確に開示することを義務付けられるようになったのです。しかし、YouTubeにアップロードされた有料広告ではない動画は、政治団体のコンテンツであっても情報開示を免除されます。そのため、フェイクニュースがどこまで取り締まれるのかは本書執筆の段階では不透明な状況です。

真偽が明らかでないニュースを見たとき、それを簡単に鵜呑みにしてしまう人がいる一方で、信頼できるメディアの報道でフェイクかどうかを確認する人も数多くいます。ファクトチェックの情報源となりえるという点で、今ほど、メインストリームのメディアが重要な時代はなかったかもしれません。PRの歴史上、企業やブランドの情報をニュースメディアに伝えてもらうためのメディアリレーションズの仕事は、その比重が変われども、これまで以上にコアな業務領域になっているのです。

スマホとソーシャルメディアの登場はジャーナリズムをどう変えた？

日本では、2010年頃からスマートフォンが普及し始め、ソーシャルメディアの利用が広がると、生活者の情報消費のスタイルに大きな変化が起きました。

特に大きな曲がり角となったのは2013年3月。東京メトロや都営地下鉄の全線で、走行中の車内から携帯電話回線に接続可能となったときです。翌年には大阪市営地下鉄においても全区間で携帯電話が使えるようになり、大都市圏では「地下鉄＝圏外」ではなくなりました。

こうしたテクノロジーの進化と社会インフラの整備は、ジャーナリズムにどのような影響をもたらしたのでしょうか？

それまで通勤時に紙の新聞を読んでいた人々は、スマートフォンの画面をのぞき込むようになりました。2017年に行われた新聞通信調査会による「第10回メディアに関する全国世論調査」によると、ネットニュースを閲覧している人は71.4％となり、新聞の朝刊を読んでいる人（68.5％）を初めて上回りました。

また、新聞と同じ内容のニュースがネットでは無料で読むことができます。一部有料コンテンツを含む記事もありますが、「ニュースは無料」という前提が生まれ、同じようなニュースが

©123RF

いくつもネット上に並ぶようになりました。
特に、単純に何が起きたかを伝えるのみの「ストレートニュース」は、メディアによって多少のニュアンスは違えども、内容がほぼ同じになることが多くなりました。このことから、大手メディアの報道するストレートニュースの〝コモディティ化〟が進みました。

ニュースメディアそのもののデジタル化が進んだこともあり、紙の新聞の発行部数は低下。日本新聞協会によると、加盟社の総発行部数は、2000年には7189万6000部でしたが、23年後となる2023年には、3304万7000部となりました。54・0％減なので、半分以下になったことになります。

加盟96社の新聞社総売上高のピークは2005年度の2兆4188億円でしたが、

２０２２年度には加盟社が86社になり、総売上高は１兆３２７１億円と、ピーク時の54・８％にまで落ち込んでいます。

「デジタルファースト」「サブスクリプションファースト」の海外メディア

一方で、デジタル化とグローバル化が進んでいる欧米のメディアはどのように変化したのでしょうか。

例えば、アメリカの『ニューヨーク・タイムズ』。２０２２年2月に米オンライン・スポーツメディア『ジ・アスレチック』の買収により、有料購読者が１０００万人を突破したと発表しましたが、うち、クロスワードや料理レシピなどのアプリを含めた「デジタル購読件数」が８００万５０００件となっています。

「デジタルファースト」「サブスクリプション（有料購読）ファースト」を進めながら、アメリカ国外にも読者を広げ、アメリカの日刊紙からグローバルメディアへと変容しました。２０１７年2月からはポッドキャスト『The Daily』の無料配信をはじめ、マルチメディア化も進めています。

イギリスであれば、２０１６年に紙版を廃止し、デジタルへと完全移行した『インディペンデント』や、編集のデジタル化を積極的に進めた『フィナンシャル・タイムズ（FT）』があります。FTは2022年3月1日付プレスリリースで、有料デジタル版購読者のみで100万人を超えたと発表しました。FTは、もともと景気の動向によって上下する広告収入に左右されない経営を目指してきましたが、電子版購読者の開拓に力を入れ、その購読者は半数以上が〝英国外〟にいます。『ニューヨーク・タイムズ』と同じく、グローバル化を進めてきたのです。

FTでは同時に、ニュースのコモディティ化からくる収益悪化を防ぐため、コンテンツ制作にも改革を試みています。また、読者のアクセスデータを分析したところ、早朝と昼間にアクセスが最大になることがわかったため、その時間に編集プロセスのピークを移すなどの工夫を重ねています。

FTアジア編集長のロビン・ハーディング氏は、2021年2月9日、日本パブリックリレーションズ協会主催の講演で以下のように語っています。

「現在、FTのオンライン記事では、短い記事か長い記事のいずれかでないと読まれません。読者はなるべく早く重要なニュースを得るか、特定の問題を深く考察したいと考えています。そのため、われわれは500ワードほどの短いニュースか、1800から2000ワードのフィーチャー記事を書こうと試みています。800から1000ワードの記事は読まれないのです。この手の長さの記事は、深く考察するには短すぎ、ブラウジング（拾い読み）する読者には最後まで読み切れないのです」

「解説者」になることが期待されるPRの実務家

また、オンライン版の記事のページビューから、FTでは分析記事の閲覧が一番多いことがわかっています。「ストレートニュース」の需要も同様に高いのですが、他社にコピーされにくい、分析記事の方が価値は高いのです。

こういった分析や調査報道に注力する傾向はFTだけではなく、アメリカの『ウォール・ストリート・ジャーナル（WSJ）』なども同じです。

WSJ日本版編集長である西山誠慈氏は、こうしたメディアの報道について、「アーティクル（記事）ではなく、ストーリー」と言い表しています。

「英語では、『記事』のことを『アーティクル』ともいいますが、私たちは『ストーリー』と言うことが多く、『ストーリーテリング』が重要と考えています。WSJはじめ欧米メディアはこの意識が強いので、一つの記事が長くなります。例えば開発秘話や裏話など、違う視点があるものは『アーティクル』よりもまさに『ストーリー』であると意識しています」（西山誠慈氏／2022年7月7日、日本パブリックリレーションズ協会主催の講演より）

冒頭に述べた通り、PRとジャーナリズムはある種の共存関係にあります。メディアが報道する多くのニュースは、PRの実務家がもたらすプレスリリースや、記者会見などで提供される情報がソースとなっています。

この共存関係の下、PRの実務家は、自分がもたらす情報がストレートニュースで終わらず、「ストーリー」として報道されることを目指す必要があるのです。

そのためには、単に製品やサービスのファクトをメディアに届けるのではなく、その背景、意味などを理解し、説明できる「解説者」となることが重要です。さらに、分析記事に寄与できるようなデータを用意することも鍵となるでしょう。

FTのハーディング氏は、このことについて以下のように語っています。

「われわれ記者は、何が起きたかを伝えるよりも、それが何を意味しているのかを伝えたいのです。そのためには、何が起きているかを知るよりも、なぜそれが起きているのかを知る必要があります。われわれがそういった理解を得るためにも記者とPRの実務家との深い会話が必要となるのです」

メディアにおける多様性の視点

最後に、昨今、重要になっているメディアリレーションズにおける「多様性」について考察します。

FTでは、多様性の推進という別の目的でもコンテンツ改革を試みています。同社では毎年、新しい商品を生み出すため、社内でハッカソンを実施しています。

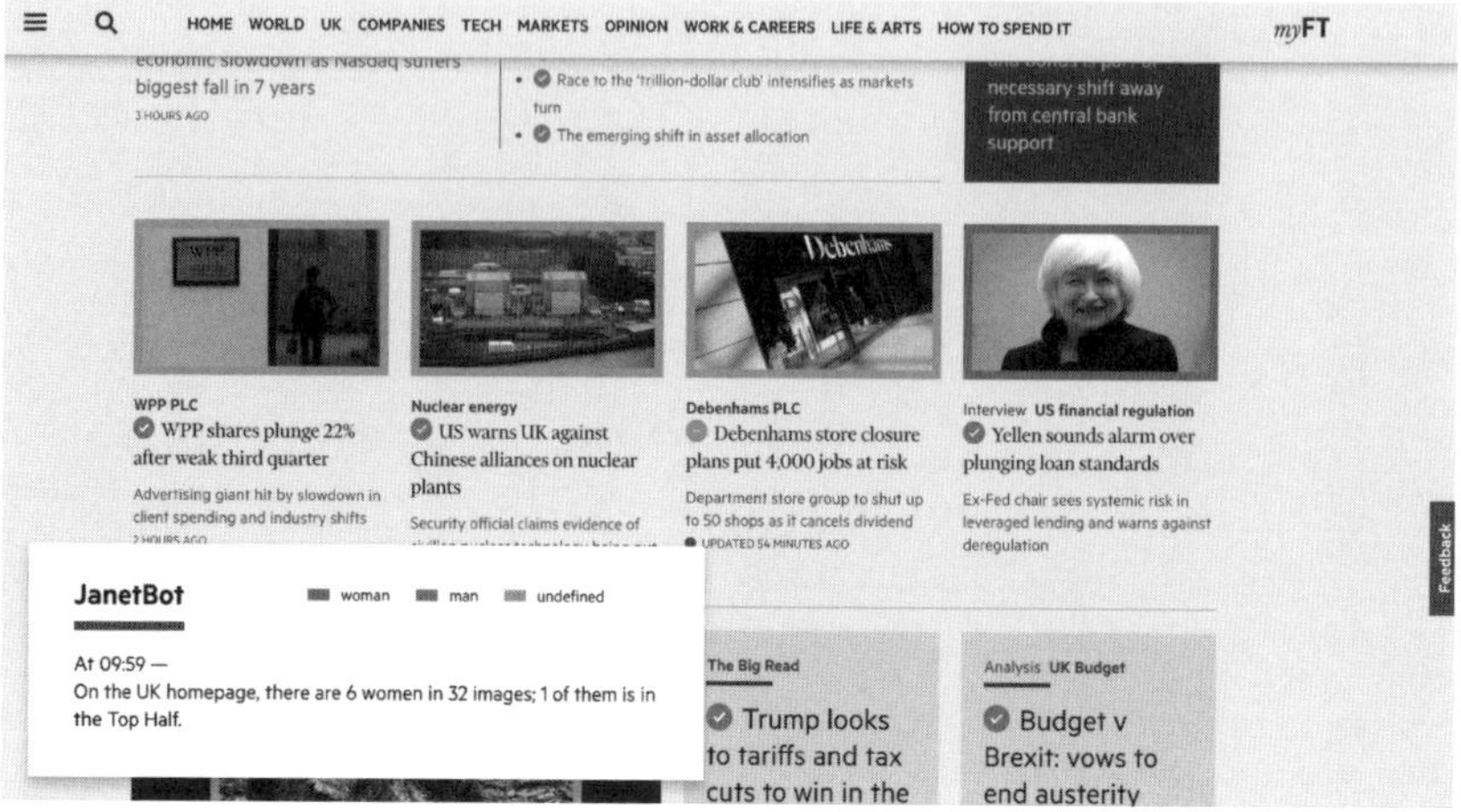

写真1 JanetBotは紙面の写真に写る人物の性別を判別
画像提供：フィナンシャル・タイムズ

２０１７年にこのハッカソンにおいて、女性読者のエンゲージメントを高めるために「JanetBot（ジャネットボット）」（写真１）と呼ばれるボットが開発されました。オンライン記事の中で使われている人物の写真の性別を10分置きにチェックするボットです。

読者から「FTの記事にはスーツを着た男性の写真が多すぎる」という意見が寄せられたのがきっかけで、「目に見えるかたちで自分たちの属性を代表する顔が紙面に出ている方が、より女性読者のエンゲージメントを高めるであろう」という仮定から生まれました。

このボットのプロトタイプができた日に、米財務長官ジャネット・イエレン氏の記事が３件以上FTで掲載されていたため、彼女へのオマージュとして「JanetBot」と命名されました。

さらにＦＴは翌年、「She said He said」という別のボットを発表しました。このボットはコラムニストなどの性別を名前で判断し、紙面のジェンダーバランスをチェックするものです。ＦＴはこれらのツールによって、女性の声が紙面に反映されているかのチェックを試みたのです。

こういった動きはプリントメディアだけではなく、放送メディアにおいても見られます。例えば英国放送協会ＢＢＣでは、２０１７年から番組に出演するキャスターや記者、専門家らの男女比を50％ずつにすることを目指す「50:50（フィフティー・フィフティー）プロジェクト」を続けています。番組の質を落とさず、ジェンダーバランスをとり、社会の多様な意見を番組に反映させることを試みているのです。

日本における報道の多様性

報道における多様性については、世界新聞・ニュース発行者協会（ＷＡＮ-ＩＦＲＡ）が２０２０年4月に「A Gender Balance Guide for Media（メディアのためのジェンダーバランスガイド）」を出しており、業界をあげて取り組もうとしています。

日本新聞協会もＷＡＮ-ＩＦＲＡに加盟しており、徐々に報道の多様性への取り組みが進んでいるようです。日本新聞協会によると、加盟社の記者数全体の数は減っているにもかかわらず、女性記者の割合は増えており、２００１年の10・6％から２０２３年には24・7％となって

	回答社数	記者数	女性記者数	女性記者の比率（%）
2001年	78	20,679	2,200	10.6
	↓	↓	↓	↓
2023年	89	15,905	3,930	24.7

表1 新聞・通信社：女性記者の人数、割合は10年で倍以上に増加
データ提供：日本新聞協会

います（**表1**）。

まだまだ管理職における女性の数は少なく、編集方針を決める意思決定者は男性中心ではありますが、報道視点という面では多様性が進んでいるように見えます。


ちなみにニューヨーク・タイムズのCEOであるメレディス・コピット・レビアン氏は女性ですが、49歳のときに史上最年少でCEOに就任しています。保守的な日本の大手メディアからみると、女性のCEOというだけでかなり先進的に見えますが、彼女は同社初の女性CEOではありません。『ニューヨーク・タイムズ』では、女性としては2人目の経営トップとなります。米AP通信でも2022年1月に同社初の女性のCEOが誕生しました。CEOに就任したデイジー・ベーラシンガム氏は、スリランカ系英国人で、AP通信で初の女性、有色人種、米国以外の出身者のトップとなりました。欧米の主要メディアでは、指標を設け、ジェンダーだけではなく、人種などの多様性も重視しています。

多様な視点による報道が読者のエンゲージメントを高め、メ

ディアの報道もそれに向かっている以上、ＰＲの実務家もメディアリレーションズにおいて、多様性に留意することはとても重要です。

ＰＲキャンペーンや広告などは、異なるバックグラウンドを持った人材の視点を交えて企画・実施すべきです。さらにスポークスパーソンやオピニオンリーダーなども多様性を意識して起用し、より広い視点でコミュニケーション活動を進めていくことが求められます。

多様性については、男女のバランスだけではなく、ＬＧＢＴＱ＋などの性的マイノリティ、障がい者、人種、高齢者、宗教などにも同様に留意していく必要があるでしょう。

多様性を重視したコミュニケーション

社会の変化に対応し、ジェンダーに関する多様性については、すでに取り組んでいる企業もあります。世界最大の玩具メーカーであるレゴ社（本社：デンマーク、ビルン）では製品の「女の子用」「男の子用」という表示を廃止し、自社サイトで性別による検索ができなくなっています。

２０２１年10月11日配信の同社のプレスリリースによると、同社が実施した調査において、男児の71％、女児の42％が異性向けの玩具で遊ぶとからかわれるのではないかと心配していると回答しました。また、親の76％が「息子にレゴブロックで遊ぶことを勧める」と回答したのに

レゴ®ブロックで飛行機をつくる少女
(©2024 The LEGO Group.)

対し、「娘に勧める」と回答した親は24%にとどまりました。こういった状況を受け、レゴ社では、ジェンダーに関わる偏見やステレオタイプに基づかない製品づくりやそのマーケティングを引き続き行っています。

レゴ社以外にも複数の玩具メーカーが、製品からジェンダーの偏見を取り除く試みを行っています。顔の付け替えが可能なおもちゃ「Mr.ポテトヘッド」で知られる米ハズブロ(本社:ロードアイランド州)は、2021年2月にブランド名から「Mr.」を削除し、このプロダクトをジェンダーニュートラルにすると発表しました。一方、バービー人形で知られる米マテル(本社:カリフォルニア州)も、2019年にジェンダーフリーの人形のラインを立ち上げています。また、米玩具協会は2017年、性別ごとのベストトイ賞の授与を中止し、「男の子」「女の子」の分類から、「今年のアクションフィギュア」「今年の人形」といった分類に切り替えました（アクションフィギュアは従来男の子向けとされてきました）。同協会は「市場の現状と両親のショッピング行動、実世界の現実を反映した措置」と説明しています。こういった動きは日本でも見られ、日本玩具協会の「日本おもちゃ大賞」では、2021年から従来の「ボーイズ・トイ／ガールズ・トイ部門」が廃止され、新たに「キャラクター・トイ部門／ベーシック・トイ部門」として統一されました。

自治体や政府も乗り出す海外でのジェンダーバイアスの撤廃

海外では、企業の自主的な努力のみならず、自治体や政府も、バイアス撤去の方針を打ち出しています。2021年の10月9日、米カリフォルニア州では、大手小売業者に対し、玩具や育児用品に関し、性別を区別しない売り場を設けることを義務付ける法律が成立しました。2024年1月1日から施行されています。従来の「男子向け・女子向け」売り場を禁止してはいないものの、併設して性別にとらわれないエリアを設け、男女の区別がない製品の陳列を求めています。

2024年初頭までに、カリフォルニア州内で500人以上の従業員を抱える小売業者は、性別を区別しない売り場を設けなければならなくなりました。違反した店舗には、1店舗につき最初の違反で最高250ドル、その後の違反には最高500ドルの罰金が科される可能性があります。こうした義務を課すのは、アメリカにおいてカリフォルニア州が初となりますが、すでに一部の小売業者は実施しています。2015年には、ディスカウントストア大手のターゲット(本社：ミネソタ州)が子供用品売り場で性別を示す表示をやめました。

ステレオタイプやバイアスが引き起こす炎上

おもちゃ業界に限らず、企業は生活者の多様化するニーズに合わせ、商品の製造、販売、マーケティングなど、あらゆる段階において、ジェンダーバイアスを生むようなアプローチを避けなければなりません。ジェンダーにとらわれることなく、生活者が欲しいと思ったものを心理的抵抗なく、選びやすい場所で買えるようにすることが重要となります。PR活動においても、特定の商品を女性向け、男性向けと限定せず、ニュートラルな情報発信が求められます。商品のパッケージデザイン、広告、報道資料、オンラインショッピングサイトなど、起用しているモデルや表現、色使いまで、ますます注意が必要となるでしょう。

こういったことは企業ごとの努力としても必要ですが、業界団体、そして時にはアメリカの例のように、自治体としても推進していくことが求められます。

一方で、従来のステレオタイプや偏見をそのまま表現してしまったことで「炎上」を招いた企業も散見されます。ジェンダーバイアスやステレオタイプをチェックせずに情報発信してしまうと、その意図にかかわらず、差別を肯定していると捉えられかねません。例えば、家事育児で苦労する母親に寄り添うような「共感型」のメッセージを発した場合、それが女性たちを応援したい意図だったとしても、「〝家事育児は女性がするもの〟といったジェンダーによる役割分担を押し付けている」と真逆の反応を引き起こしてしまうケースがあります。ソーシャルメディアで情報が次々と拡散される時代、一度炎上に発展してしまうと、企業やブランドのレピュテーションは著しく毀損されてしまいます。

ステレオタイプは「無意識の偏見（アンコンシャス・バイアス）」とも呼ばれ、誰もが無自覚なままに持っており、自ら気が付きにくいのが特徴です。だからこそ、先にも述べましたができるだけ多くの視点から、常にチェックを入れることが大切です。自分とは違う属性の人と意見交換し、多様化する価値観に触れ続けることも有効でしょう。

これからの時代、ＰＲの実務家は、分析記事や調査報道、多様性を重視したコンテンツ制作など、メディアが求めるもの、またその先にいる生活者が求めているものを常に意識し、情報提供していくことが重要となるのです。

Column

キャスターなどの男女比50%ずつをめざす、英国放送協会BBC　50:50プロジェクト

BBCニュースのプレゼンターロス・アトキンス氏のイニシアチブで始められた50:50プロジェクトは、データ測定を用いてコンテンツをモニターし、メディア内でのジェンダーの割合をシフトさせるものでした。このイニシアチブは、BBCの「50:20:12」という職員の割合の50%を女性に、20%を黒人、アジア系、その他のマイノリティに、12%を障害者にするという取り組みを導入し、今ではジェンダーに加え、人種や障がいの有無といった他の多様性にも広がりを見せています。

2022年4月に出された同社の報道資料によると、この50:50プロジェクトはBBCを超えて世界30カ国の143のBBCのパートナーでも導入されています。業界もメディアだけではなく、ファッション、法律など多様な分野に広がりを見せています。「女性のプレゼンスを高めるという意味で、2017年にローンチして以来、50:50はわれわれのストーリーテリングを豊かにしてくれました。2022年4月に調査結果を出しましたが、障がい者、人種のプレゼンスを高める努力も導入され、このレポートは重要なマイルストーンとなりました。こういった人々は、より多くの声に耳を傾け、実社会を反映するコンテンツをつくる上で、強固な基盤を提供してくれます」と50:50を統括するクリエイティブ・ダイバーシティ・リードのララ・ジョアニズ氏は述べています。

日本でもハフポスト日本版が運営するインターネットの生配信番組「ハフライブ」が2021年1月に「50:50」プロジェクトを始めています。同年4月にはNHKも参加。当初は6つの番組での参加でしたが、2023年には12番組まで増加。多様な視点を取り入れた番組制作の取り組みを進めています。

第2章

多様化・複雑化する広報・PR戦略

第2章では、分散化し、多様な価値観を持つステークホルダーに対し、どのようなアプローチが必要なのか、また、複雑化する広報・PRの戦略立案について解説していきたいと思います。特に、今後の消費を牽引するミレニアル世代、それに続くZ世代のエンゲージメントを構築するためには、属性ではなく同じ価値観で結びついたトライブとそれらの中にいるインフルエンサーが、コミュニケーションの鍵を握っていると思われます。消費者は単なる顧客であることに満足せず、自分の価値観・興味・アイデンティティを反映したトライブを求めており、彼らとの関係構築をどのように実行するかが重要です。

また、多様化・複雑化した環境における広報・PR戦略をどのように計画していくべきか、またどのような企業の取り組みがステークホルダーから評価されるのかについて述べていきたいと思います。

ターゲットの設定～マイクロコミュニティの時代へ

広報・PR戦略において、重要なポイントの一つと考えられるものは、市場やターゲットを設定・定義することです。これは、製品・サービスのローンチから社会課題解決の訴求に至るまで、コミュニケーション戦略のすべての要素の基礎となります。

これまでわれわれは、性別や居住地域、職業、年収などのデモグラフィック（人口統計学的属性）の特徴を捉えて、そこに刺さるメッセージを発信することを一般的な方法として行ってきました。もちろん今でも、若年層とシニア層のマーケット人口の違いや、購買行動、接触メディアなど、属性を起点としたマーケティングの考えは、重要であり主流でもあります。

属性とは異なる価値観でくくられた「トライブ」に即したアプローチの必要性が高まっており、共通の興味・趣味嗜好、価値観を持つ、異なる属性でくくられるターゲットに対してエンゲージするには、それぞれに適したコミュニケーション戦略が重要となります。具体的には、それぞれの背景にある価値観に合わせて、文脈を整えた情報提供が必要です。

トライブへの情報提供に重要となるのが、ＰＥＳＯ（Paid、Earned、Shared、Owned）メディアの中でも、ソーシャルメディアを中心とするSharedメディアです。そしてそれを利用する多くの人々が、複数のプラットフォームを利用して、かつ複数のアカウントを持ち、それぞれのアカウントに異なるペルソナ（仮面・人格）を使い分けていることを念頭に置かなくてはいけません。つまり、多様化するアカウントの利用により、ターゲットオーディエンス個人を特定することが難しく、プロファイルを把握することがより困難になっています。

ターゲットプロファイルの特定が難しい場合、広告やイベントなどを利用して、多くの人に一元的にメッセージを発信することは効率を考えると良策です。企業パーパスの認知・理解や、企業グループイメージの統一化など、特定のイメージをなるべく多くの人に効率的にアプローチする企業広報などでよく利用されます。

また、共通の興味・趣味嗜好、価値観を共有する人々にアプローチする効果的な手法の一つとして、タレントや有識者を、イメージキャラクターやアンバサダーに起用するなど、第三者のコミュニティを通して情報を拡散していく方法があります。この場合、コミュニティ共通の意識を捉えることが重要となります。

現在、多くは、マスメディアの接触率が低くなっており、企業からの情報提供だけでは信頼や購買の意識が醸成しにくいという問題があります。生活者は、あふれる情報洪水の中から、信頼できる情報を精査して判断します。いいなと思ってすぐ購入するのではなく、いくつかのコメントを読んで、自分が納得できる理由をつけて購入するのです。そのため、多様化・分散化したターゲットオーディエンス（トライブ）のそれぞれが抱える深い願望や強い鬱憤《うっぷん》など心理を深くリサーチし、彼らの関心に適したメッセージやコンセプトの設計を、複数のアプローチから行う必要があります。また現在では、同じトライブでくられていても、さらにその中でコミュニティを形成している人々（マイクロコミュニティ）に向けて、設計していく必要性が考えられるようになりました。

広報・PR戦略を策定するにあたり、「誰に」メッセージを届けるのかを考えることはとても重要です。そしてそれは、消費者や従業員のように直接的がいいのか、メディアやインフルエンサーなど間接的がいいのかなど、届け方も考える必要があります。

インフルエンサーの起用～自然拡散される情報とは

インフルエンサーの起用は、インターネットが登場するはるか前からあった手法で、多くのコミュニケーションにおいて有効な手段となっています。「英国王室御用達」の認定マークであるロイヤルワラントも王室のメンバーをある種のインフルエンサーとし、自社の製品へのお墨付きをもらい、ブランドメッセージの発信に常に添えていくものです。

今後の消費の要となるミレニアル世代やそれに続くZ世代においては、ソーシャルメディアが最も企業やブランドに関連するトレンドやトピックを伝えやすい情報経路であり、インフルエンサーが最も多く存在する場所となっています。

BtoCビジネスを展開する企業のマーケティングにおいては、自社の製品やサービスを購入・使用しレビューする消費者の中でも、共感性の高いコメントを語れる人がインフルエンサーとなります。トライブの中においても、専門的な知識・最新の知識を有していたり、多くの意見を代弁できたりする人がインフルエンサーとなりえます。

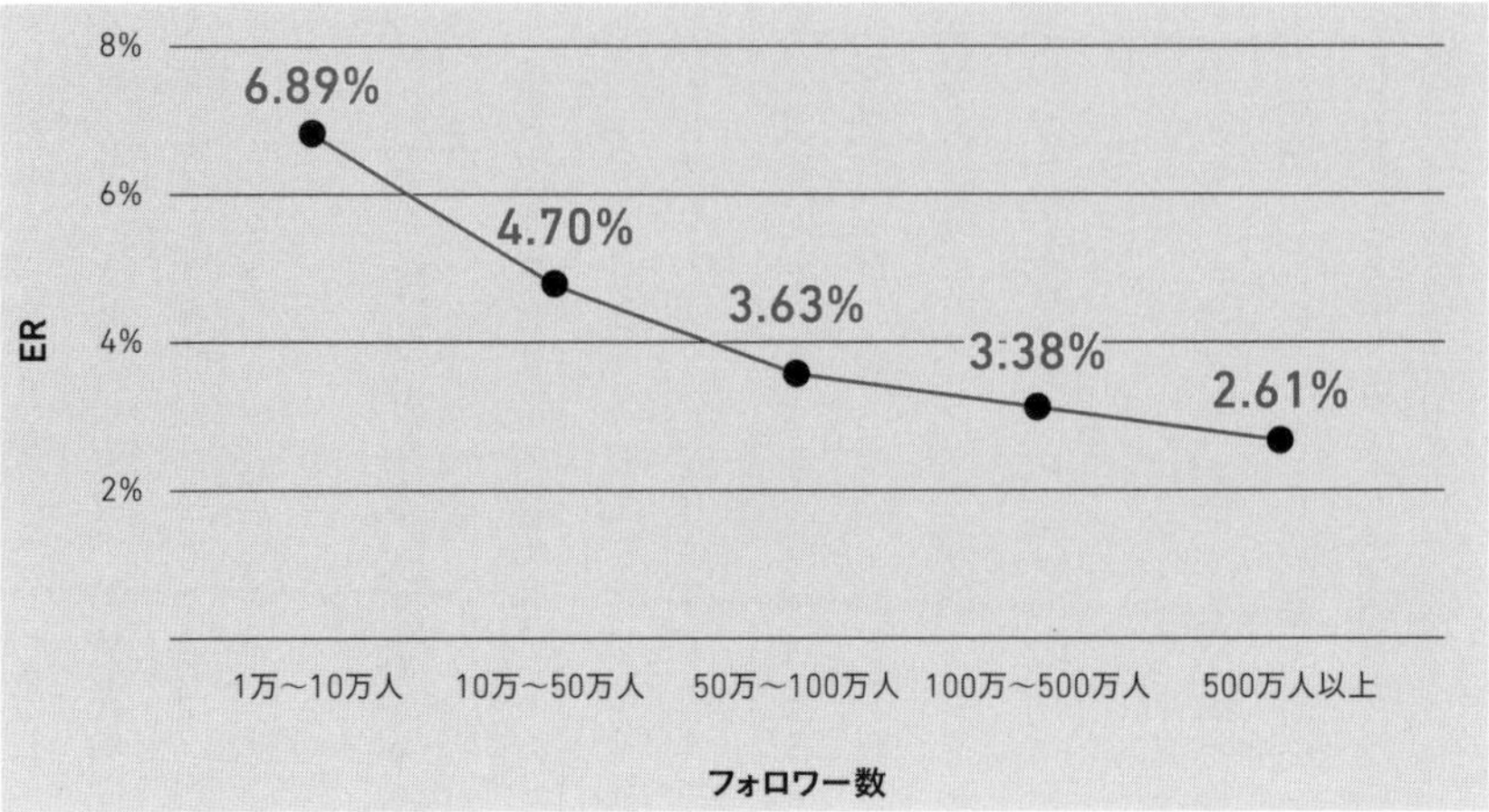

The Influencer Marketing Factory
※インフルエンサー・マーケティング・ファクトリーによるエンゲージメント率とは、（Like数＋コメント数＋シェア数＋保存数）×100÷フォロワー数

図1 2023年のインスタグラムのエンゲージメント率。米インフルエンサー・マーケティング・ファクトリー社が公開している「Instagram Engagement Rate in 2023」をもとに作成

しかし、ミレニアルやそれに続くZなどの新世代の人々においては、もっと身近な、トライブの中の小さなコミュニティ、マイクロコミュニティのインフルエンサーからの発信の方がより効果的な成果を得られることがあります。

米インフルエンサー・マーケティング・ファクトリー社が公開している「Instagram Engagement Rate in 2023（2023年のインスタグラムのエンゲージメント率）」（図1）によると、フォロワー数の少ないインフルエンサーの方が、一人ひとりの消費者と対話でき、よりターゲットオーディエンスへの強い影響力をもっていると考えられます。

非常に多くのフォロワーを抱える、

スポーツ選手や俳優など高い知名度と影響力を持つセレブリティ（著名な）インフルエンサーは、その人自身のファンも多く、発信内容のテーマの幅も広く、フォロワーの興味もまちまちです。発信する内容を絞らないからこそ、さまざまな人がその情報を受け取りやすくなっているとも言えますが、フォロワーにはそのコンテンツに含まれている商品やサービス、ブランドのメッセージが伝わりにくいケースが多くあります。

その点、マイクロコミュニティのインフルエンサーは、ある特定の分野に絞って投稿します。自分の価値観を尊重し、発信し続けている人でもあり、好きなものは好き、嫌いなものは嫌い、嫌いだったが好きになったなど、はっきりとした物言いが特徴です。

つまり、マイクロコミュニティのインフルエンサーは、フォロワーの多さ＝情報を拡散する力ではセレブリティインフルエンサーには劣りますが、より確実に、親和性を持って、信頼感のある情報を届けることができるということです。

では、マイクロコミュニティでの情報拡散を促すためにはどのようにしたらよいのでしょうか。マイクロコミュニティそれぞれ個別に情報提供を行っていたら、大変な労力を伴います。しかし、新世代の人々は自らの価値観や主張を代弁するブランドやリーダーを求めており、そのような人々をフォローするなど、コミュニティに属してつながっている状況にあります。彼らは、氾濫する与えられた情報をそのまま信頼するのではなく、それらを精査するインフルエンサーとともに、自分と価値観の合うものを選び取るスタンスへと変化しています。企業やブランドはそういった価値観や主張を傾聴し、対話し、それをコミュニケーションのストーリーに組み込むことにより、エンゲージメントを強化することができるのです。マイクロコミュニティのインフルエンサーには、情報を、選びやすい形に整理してあげることが重要です。

ここまで、新世代向けにはマイクロコミュニティで情報が自然拡散されるような情報流通構造が重要となる、ということをお話ししましたが、一般的な広報・PRの形でもある「汎用型」のアプローチを決して否定しているわけではありません。むしろ必要であり、目的に応じてこれを使い分けていく必要があります。

汎用型の広報・PRは、多様なステークホルダーへ幅広く情報を伝えることを目的としています。政府・自治体の広報や上場企業の適時開示、製品リコール、リブランディング、企業グループイメージの統一化、各事業活動の横串化など、環境保護対策、ガバナンス報告など、広範なターゲット層や利害関係者に公平にかつ広く、迅速に情報を届ける必要がある場合などに有効です。汎用型ではオウンドメディアによるメッセージの発信やリリースなど、ニュースメディアへの情報提供も必須となります。オウンドメディアにはコーポレートサイト、ブランドサイト、社内報、ソーシャルメディアなどがあり、企業ミュージアムなども場合によっては活用すべきでしょう。

目標設定～ありたき姿に至るシナリオづくりとは

広報・PR戦略は、「企業がそれぞれのステークホルダーとどのような関係を築きたいか」ということにつきます。それが〝ありたき姿〟です。ここが具体的に目標設定できていないと、戦略立案はできません。

企業がどこへ向かおうとしているのか、その目指すべき、ありたき姿・目標をいかにして社内外に伝えるかがその核心となります。経営戦略が企業の将来のビジョンを描く計画立案であるならば、広報・PR戦略はそのビジョンを世にわかりやすく伝えるためのストーリーテリングの方向性を決めるものです。

このプロセスでは、経営の意図を周囲が理解しやすい形で表現することが不可欠です。大局的なビジョンからストーリーを構築することもできれば、具体的な活動や成果から小さな物語を紡ぎ出すこともできます。そこで重要となるのは受け手が理解できる〝ロジック〟と〝魅力〟です。いくら洗練されたシナリオであっても、クリエイティブに、言葉巧みに〝伝えた〟つもりであっても、顧客・従業員などのステークホルダーに、それが〝伝わらなければ〟意味がありません。

だからこそ、広報・PR戦略においては、経営の意図や目的を、関係者が理解しやすい、わかってもらえる形に落とし込むことが求められます。

り、同社が掲げる価値やパーパスを広く発信しているのです。

3. マイクロコミュニティへの尊重と距離感が大事

多様なマイクロコミュニティとエンゲージするには、企業は個々のコミュニティの意見を尊重し、傾聴する姿勢が大事です。ソーシャルメディアを活用する彼らは、承認欲求が強く、話を聞いてもらう、共感してもらうことが重要となります。しかし、意見を傾聴するのは良いのですが、それが行きすぎてもよくありません。八方美人のようにあちこちにいい顔をした結果、企業としての芯がなくなって企業文化が揺らいでしまってはよくありません。また、友達感覚でなれなれしすぎても、企業文化を大事にしすぎて突き放してもよくありません。適度な距離感が重要となります。

企業は、マイクロコミュニティに対して、傾聴の姿勢をとり、さまざまなユニークなニーズや独特なルールを理解することで、製品、サービス、そしてそれらに添えるメッセージをカスタマイズすることができます。そして、繰り返し信頼関係を築いていくことで、コミュニティの企業へのエンゲージメントが構築されるのです。

column

マイクロコミュニティとのエンゲージメント

マイクロコミュニティのインフルエンサーやそこに属している人々と、エンゲージメントを構築するには彼らの文化を受け入れ、彼らが企業やブランドに何を期待しているのかを理解する必要があります。そして以下の3点にも留意することが必要です。

1. イメージ構築よりも、ファクト訴求が重要

ミレニアル世代以降の人々は、企業やブランドの不誠実な試みを見抜くコンシューマーリテラシーを持ち合わせるようになっています。「環境にやさしい」「女性を応援しています」といった、耳あたりが良い表面的なメッセージでイメージ訴求しようとしても、そのメッセージがオーセンティック（本物の、正真正銘の）であるかどうかすぐに見分けることができます。発信する企業やブランドが本当に実践しているのか、本当に目指しているのかというファクトが重要となります。

2. 企業文化の社内外への共有が重要

社外オーディエンスに共鳴するブランドを構築するためには、まず企業内部から始めることが重要です。経営学者ピーター・ドラッカーが残した有名な言葉に、「Culture eats strategy for breakfast」というものがあります。これは、優れた企業文化は戦略を凌駕する、どんなに優れた経営戦略でも、すでにその会社に根付いてしまった企業文化には勝てない、という意味です。企業文化の構築は言語化し、繰り返し何度も社内で共有することが必要です。そして、マイクロコミュニティへのエンゲージメントにおいても、この企業文化の共有が重要になります。例えば、ネットフリックスは自社の文化を、「カルチャーデック」と呼ばれる企業が持つビジョンや大切にしている価値観・文化等をまとめた資料として作成し、日本語も含めた15の言語版（2023年12月現在）にて、同社ウェブサイト上で公開しています。このように目に見える形にし、社内外に浸透させることによ

どのようにメッセージを〝伝える〟か、どのようなコンテンツを用いるか、そして、その情報をどのタイミングでどのように展開していくか、どう〝伝わって〟ほしいのかなど、戦略構築における7W2H〔When（いつ）、Where（どこで）、Who（誰が）、What（何を）、Why（なぜ）、Whom（誰に）、Which（どれを）、How（どうやって）、How much（いくらで、どのくらい）〕をチェックするとよいでしょう。

ステークホルダーに理解してもらうためには、企業の理念や成果を段階的に、そして丁寧に説明していくことが必要となります。この一歩ずつの積み重ねこそが、経営戦略を生き生きとした物語へと変換するプロセスなのです。結局のところ広報・PR戦略は、企業が描く大きな絵の中で、一つ一つのピースがいかにつながっているか、そのつながりを明確にし、かつその壮大さを理解できるように表現するための考え方なのです。

われわれは、効果的な広報・PR戦略を構築する際、7W2Hの中でも最低4つのキーとなるポイントは押さえておく必要があると考えています。それは、「①誰に、②どう思われたいか、③現状の把握（理想とのギャップ）、④目標との差を埋めるための戦術」という基本的な項目です。

最初のステップとして、「①誰に」ということを考えます。これはあなたがメッセージを届けたいと考える〝受け手〟、つまりターゲットを想定することです。しかし、これまで話してきたように、ビジネス環境には、顧客、投資家、地域社会、政府機関、従業員など、さまざまなステークホルダーが存在します。各々のステークホルダーは異なる興味や関心を持っているため、それぞれに合わせた複層的なアプローチが必要です。

次に、「②どう思われたいか」ですが、これは、企業が外部に対してどのような印象を得たいかを明確にすることです。品質、信頼性、イノベーション、社会的責任など、多岐にわたる要素があります。

そして、「③現状の把握」についてですが、これは自社が現在どのポジションにあり、ありたき姿とどれほど差があるかを正確に把握することです。このギャップを知ることで、何をどうしたいのか、何を改善するべきかが見えてきます。

その上で、「④目標との差を埋めるための戦術」づくりが始まります。これは、現状からありたき姿に近づけるために、どうやって具体的なアクションを取っていくかの計画を行う段階になります。

しかしながら、実はこれだけでは十分ではありません。今後の広報・PR戦略には、「①誰に」に加え、さらに「①'社会に」という視点が加わります。つまり、「社会にどう思われたいのか」という要素を念頭に置くことで、より広い視野での戦略を立てることができるのです。そして、「企業が目指すありたき姿」と、「③'社会にとってあってほしい姿」とをできるだけ近づけ、それらを融合させた広報活動を展開することが重要です（図2）。

例えて言えば、舞台の監督兼シナリオライターが、今まで自分のファン・観客の満足だけを考えてつくっていた娯楽作品を、世の中のためになるようなシナリオに改変しなければならな

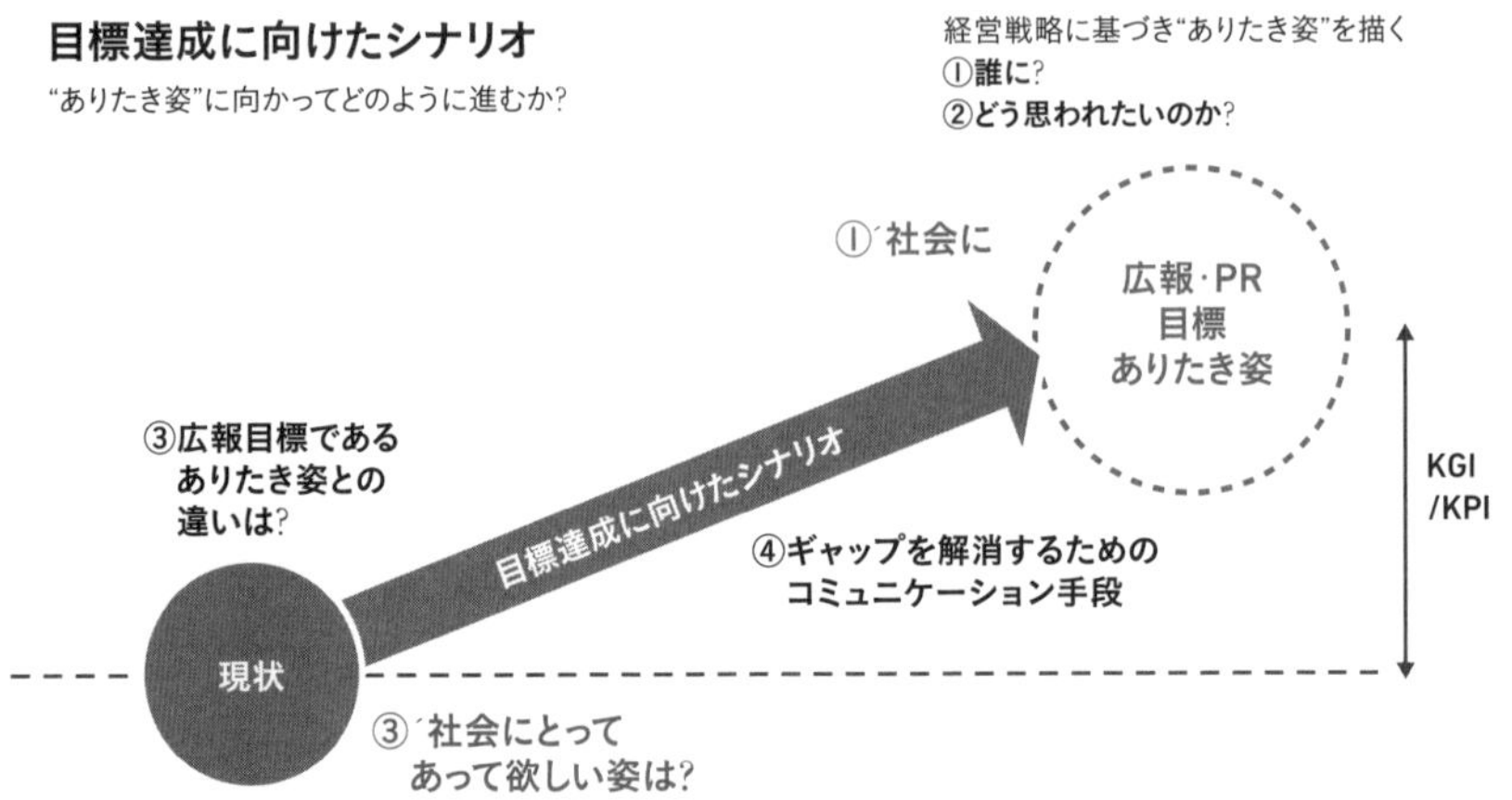

図2 広報・PR戦略策定における6つのキーポイント（①'③'含む）

くなったと想像してみてください。観客（ステークホルダー）の期待を満たしながら、社会性を持たせたストーリーに書き換え、舞台（企業）の一貫したイメージを保つことは、多くの調整と創造性が要求されます。しかし、社会全体の期待を理解し、企業がそれにどう応えるかを熟考することで、真の企業価値を社会に提供することが可能になります。熟考したことがうまくはまらないこともあるかもしれませんが、トライを重ねていくことで精度を高めることができます。それは、広報・PRの真髄でもあります。

戦略策定プロセス～どのように企業価値を創出すればよいか

広報・PR戦略では、自社の目標とする姿をしっかり描き、現状との差異を見いだし、そこを埋めるための策を練ること、さらに、社会にとってあってほしい姿に近づけることが必要だというお話をしました。それは例えて言えば、登りたい高さに到達する階段をつくる際に、どのような形の階段にするかを考えることが〝戦略〟であるというような話でした。

広報・PR戦略において重要なことは、企業がどのような社会的影響を与えたいか、どのような存在として認識されたいかという明確なビジョンを持ち、それに基づいて広報・PR戦略を策定することです。ターゲットオーディエンスの多様化、複雑化するコンタクト・ポイントという厳しい社会環境の中では、〝自社の企業価値は何か、どのように理解してもらうか〟で、ぶれないことが重要となります。

企業価値創出のプロセスにおいて参考になるのが、企業広報戦略研究所が2022年に発表した「価値づくり広報モデル」です。これは、企業価値創造のプロセスを、根幹をなす「Strategy（戦略）」、それを受けて行う「Activity（活動）」、基盤として押さえるべき「Management（組織）」の3つに整理し、全部で9つの広報力を設定したものです（図3）。

この価値づくり広報モデルでは、企業のありたき姿に向けて、課題を把握し、目標を設定し必要なファクトをプロデュースすることが「戦略段階」にあたり、ストーリー策定やコンテンツ設計、複合的な情報発信、社会的価値との共創が「活動・実行段階」、さらにその活動による社会的影響の把握に加え、リスクマネジメントと組織的能力が「マネジメント段階」としています。

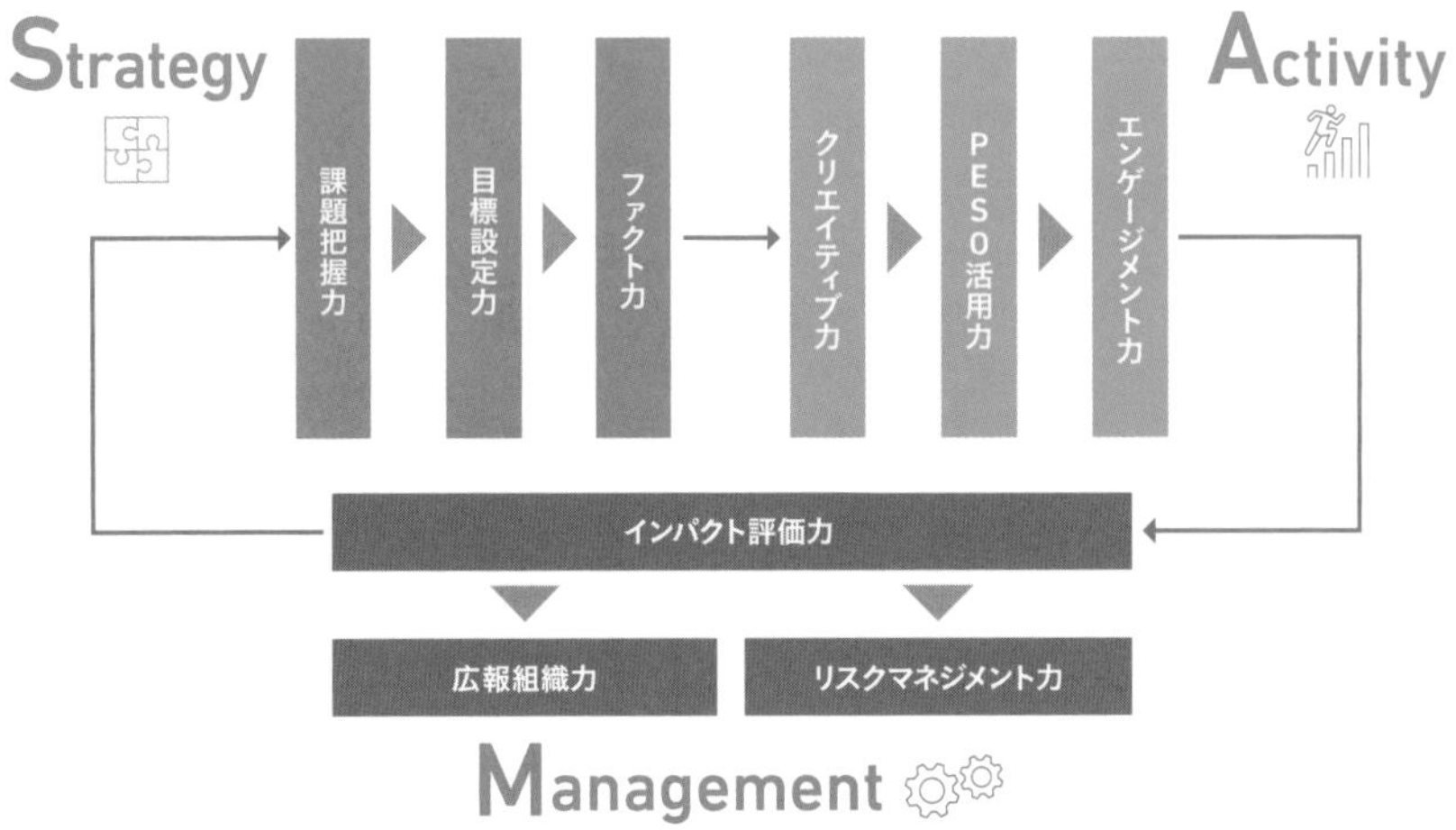

Strategy		Activity	
課題把握力	広報目標達成に向け、メディアや広報ターゲットからの期待や不安を捉え、広報課題を発見・設定する能力	クリエイティブ力	戦略に基づき、企業や商品の魅力を伝えるストーリー策定およびコンテンツ設計を行う能力
目標設定力	企業の社会的価値や社会的影響（インパクト）を考慮し、広報目標を設定する能力。	PESO活用力	戦略に基づき、総合的にメディアを駆使し、タイムリーかつ継続的に情報発信を行う能力
ファクト力	広報目標達成に向け、必要な企業の活動実態（ファクト）をプロデュースする能力	エンゲージメント力	重要広報ターゲットとの信頼を深め、社会的価値を共創する能力

Management		
インパクト評価力	リスクマネジメント力	広報組織力
戦略の精度向上を図るため、広報活動の社会的影響（インパクト）を継続的に測定する能力	企業リスクを予測・予防するとともに、発生した場合に自社資産や信用への被害を最小限にとどめるための組織的能力	経営戦略と広報戦略を連携させるための、意思決定の仕組み、スキル向上などの組織的能力

図3 価値づくり広報モデル〈企業広報戦略研究所 2022年10月〉

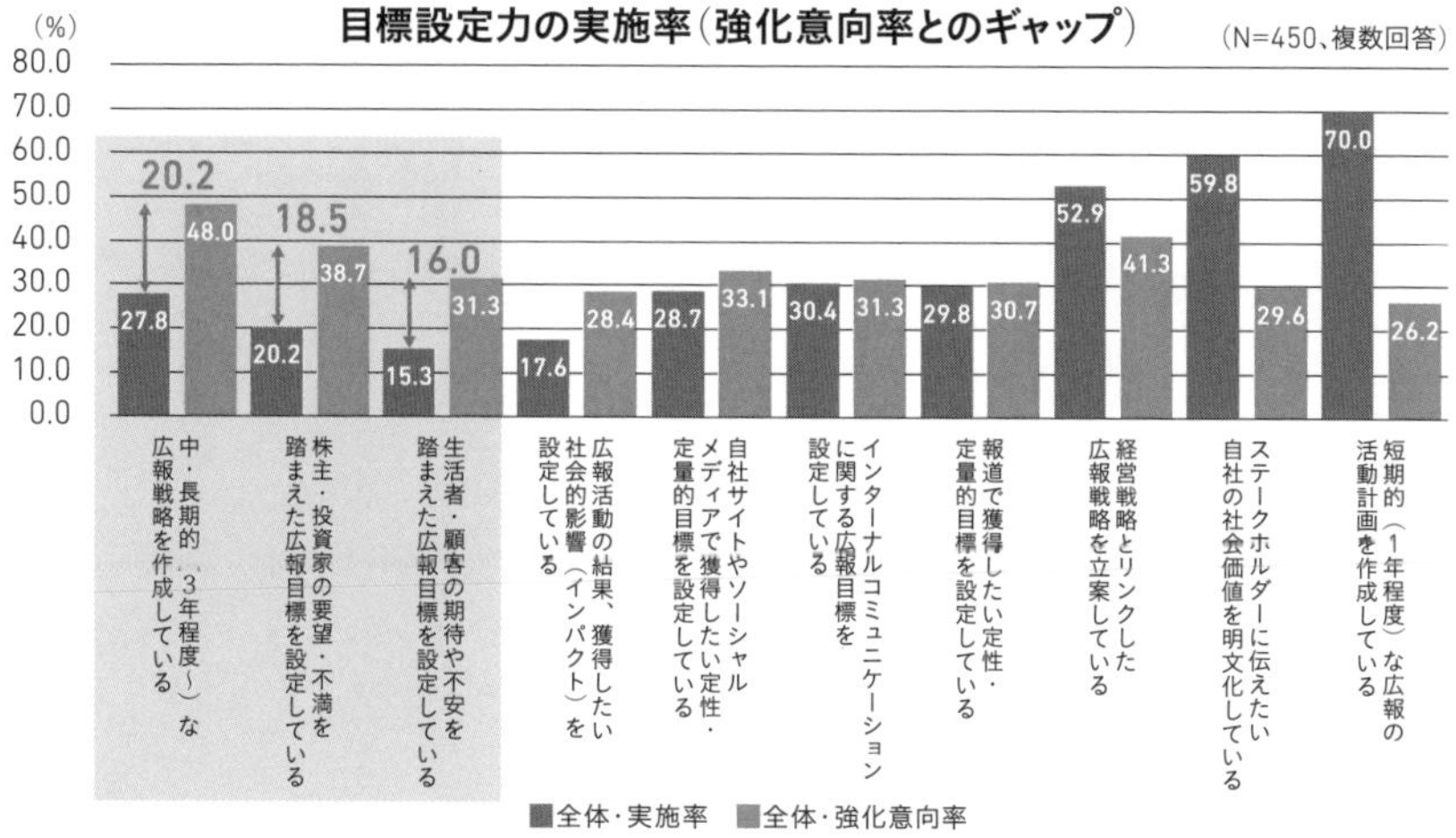

図4 企業広報力調査（2022年　企業広報戦略研究所調べ）

これら3つの段階と9つの広報力が広報・PR活動を円滑に回していく要素となっています。この戦略段階にあたる、「課題把握力」「目標設定力」「ファクト力」が広報・PR戦略策定のキーとなるわけです。

その中でも特に「目標設定力」についてお話ししたいと思います。企業広報戦略研究所が2022年に調査した、価値づくり広報モデルのエビデンスとなる企業広報力調査では、企業が現在実施している項目と、今後強化したい項目を調査しています（図4）。その差分が大きいものを見ると、目標設定力では、「中・長期的な広報戦略」「株主・投資家の要望・不満を踏まえた広報目標」「生活者・顧客の期待や不安を踏まえた広報目標」は、現在実施されている率は低いが今後もっと強化していきたい率が高い項目となっています。

つまり、多くの企業において、中長期的視野で、株主・投資家や生活者などの、不安や期待を踏まえた戦略設計を今後強化したいと考えており、広報・PR戦略の成果における長期的視点と、多様なステークホルダーへの対応が見えてきます。

それを実現するためには、まずは自社の価値は何で、何を伝えたいのかを考えることが重要です。前述のグラフにおける実施率が2番目に高い「ステークホルダーに伝えたい自社の社会価値の明文化」は、6割以下の企業しか実施できていないのです。ここから始めることをお勧めします。

そして、戦略策定後の活動・実行段階では、今後の消費の要となるミレニアル世代、Z世代やシニア層、株主など、ターゲットとする人々に合わせたコンテンツづくりを行っていくことになります。逆に「若年層に伝えたい自社の価値とは?」と、ターゲット先行で自社の価値を探し始めると企業の芯がぶれてしまうため、避けるべきでしょう。

世界に向けて胸を張れるよう、まずは社会の流れをしっかり把握し、自社が社会に具体的に何ができるのか、それをどのように広報・PRできるのか、を考えることが必要です。まずは自社の価値は何かを再認識するところから始めてみてはいかがでしょうか。

成果の把握～評価される取り組みとは

広報・PRの戦略策定において、成果の把握は重要です。成果は、どれだけ目標に近づけたのかを把握するもので、経営環境の変化などによる戦略変更における指針ともなりますし、次の戦略策定においても必要となります。基本的に定量で指標を設定して把握する効果測定とは異なり、定性を含めた全体的な結果の把握を指します。成果の把握は、戦略的な意思決定と効果的な資源配分を支援し、企業の目標達成に直接的に貢献します。

業種や企業によっても変わりますが、成果の把握に関するポイントは、大きく5つあります。

1. 短期目標を達成できたか、長期的ビジョンにおいてどこまで進捗しているか
2. ROI（Return on Investment：投資対効率）投資した時間、労力、資金などは見合っているのか
3. 戦略を適宜調整できたか、それによってどう変化したか
4. ステークホルダーの期待に応えられているか
5. 社会との関係構築はうまくいっているか

これらを確認することが必要です。

また、成果の把握の際に最も気をつけるべきは、4つめのステークホルダーの期待に応えられているか、です。ステークホルダーの期待を把握して、それに確実に応えられていれば、評

価は高まるはずです。社会課題への対応などにおいて、ステークホルダーの期待を外している、興味範疇外の対応をしている、などであれば評価が高まるはずがありません。評価される取り組みとは、ステークホルダーの期待に応えられている取り組みとも言えるのです。

また、成果の把握では、適切な効果測定指標の選択も重要です。トライブなどの属性でくくれないターゲットをどのようにして把握するのか、ソーシャルメディアをどう把握するのか、社会への影響をどのように算出するのかなど、課題は多くあります。他にも定性的な評価に関しては、多面的・客観的な判断が必要となります。多くの人から批判があっても、顧客や株主からの支示が高まっている場合、どのように判断すれば良いのか迷いがちです。その場合は、客観的視点を持った第三者からの見え方が重要となり、アドバイスがもらえる協力先があるとより安心でしょう。

さらに、透明性と説明責任に配慮しなければなりません。経営戦略と同様に広報・PR戦略も、活動の結果を従業員や株主など、適切なステークホルダーに透明性を持ってフィードバックすることが必要となります。ここでも重要となるのが「インテグリティ」、すなわち誠実さ、高潔さ、真摯《しんし》さです。インテグリティは、企業が長期的に成功を収めるための基盤となり、ステークホルダーからの信頼・レピュテーションを勝ち取る鍵となります。

Interview

置かれた状況を的確に判断し、自身の存在意義を示す『防衛省の広報戦略』とは

令和6年能登半島地震において、あらためて防衛省・自衛隊の必要性を感じました。また、我が国を取り巻く安全保障環境は一層厳しくなっています。ロシアによるウクライナ侵攻や繰り返される北朝鮮のミサイル実験などにより国民の関心も高まっており、国の防衛については今後も一層、社会からの注目が集まると考えられます。

そのような中、防衛省は広く国民に対して、どのような広報戦略を立てて活動をしているのか、具体的にどのような工夫を行っているのかについて、防衛省の安居院公仁大臣官房広報課長にお話を伺いました。

安《あ》居《ぐ》院《いん》公《きみ》仁《ひと》 氏

防衛省大臣官房広報課長

防衛庁航空自衛隊入庁後、平成６年に本省勤務となり、平成23年には内閣官房へ出向。東日本大震災復興対策本部事務局で被災者に対する復興対策業務に従事。防衛大臣政務官及び副大臣秘書官や国家公安委員長秘書官にも従事。令和３年から大臣官房広報課長に着任。現職も含めると、トータルで約10年弱の広報課での勤務経験を有する。

――現在の職務広報課の広報・ＰＲ活動について教えてください。

大臣官房広報課は、省内の各機関および各部隊も含めＡＬＬ防衛省・自衛隊の広報の司令塔として全省的な広報戦略を担っており、日々の業務の中で課員と一緒に検討を行っています。

また、われわれが日々の任務を遂行するに当たっては、国民の皆さま一人ひとりの理解と協力が不可欠です。このため、まず心がけているのが、国民の皆さまに対し、正しい情報をわかりやすく広報すること。国民の皆さまに防衛省・自衛隊の活動をどのように広く知っていただき、どのようにご理解をいただくかという視点を常に念頭に置きながら、広報活動に取り組んでいます。

置かれた状況を踏まえ、ターゲットへ発信

――普段、広報・PR戦略立案は、どのようなステップで行っていますか。

広報戦略の企画・立案に当たって重視しているのは、2点。「誰に、何を、いつ、どのような手段で発信するのか」を考慮することは当然として、「そのときどきの防衛省・自衛隊が置かれた状況も踏まえながら対応していく」ことです。この両方を考慮することで、広報戦略の大枠の方針が定まります。

また、「誰に発信するか」という点については、年齢層、性別、地域など、さまざまな要素に細分化されますが、ここでは「年齢層」にフォーカスしたわれわれの取り組みをご紹介させていただきます。

例年、防衛省では年次報告書として「防衛白書」を刊行していますが、これに加えて、小学校高学年や中学生、高校生の方々を読者対象とした「まるわかり！日本の防衛～はじめての防衛白書～」を防衛省のウェブサイトに掲載しています。

我が国の将来を担う若い世代に、安全保障環境や自衛隊の活動をよくご理解いただくことは大変重要であることから、防衛白書の内容をより平易でわかりやすく解説することを目的として作成しています。

また、この資料は、普段、国防に触れる機会が少ない大人の方でも、防衛白書の要約版として閲覧いただける内容です。少しでも興味がある方には、ぜひ一度ご覧になっていただきたい

と考えています。

――防衛をめぐる国際環境は日々変化しており、対処すべき課題も状況に伴って日々変化することかと思います。この変化が激しい中、広報・ＰＲ戦略をどのように立てていますか。

現在、防衛省・自衛隊は防衛力の抜本的強化に取り組んでいます。防衛省が取り組む施策の必要性について、国民の皆さまに知っていただき、かつ、ご理解いただけるよう努めることも、われわれ広報担当者の重要な責務であると考えています。

関連する取り組みの一例をご紹介させていただきますと、２０２３年には「なぜ、いま防衛力の抜本的強化が必要なのか」という表題のパンフレットを作成し、配布を行ったほか、２０２３年度から5年間で必要となる防衛費43・5兆円に関しては、「防衛費の使い方について説明します。」との表題で資料の作成・配布を行いました。

さらに、安全保障環境や防衛省・自衛隊の取り組みなどをより簡潔にわかりやすくお伝えするため、それぞれの取り組みについて「1枚でわかる」と題した資料にまとめ、ウェブサイトに掲載するとともに公式ソーシャルメディアでも発信するといったことにも取り組んでいます。

これらの作成に当たっては、文字が多く読みづらいといった役所にありがちな資料とならないよう、図や写真を多く用い、かつ極力わかりやすい表現に努めています。普段、あまり国防

より理解しやすくするためグラフィカルサマリーで展開する資料

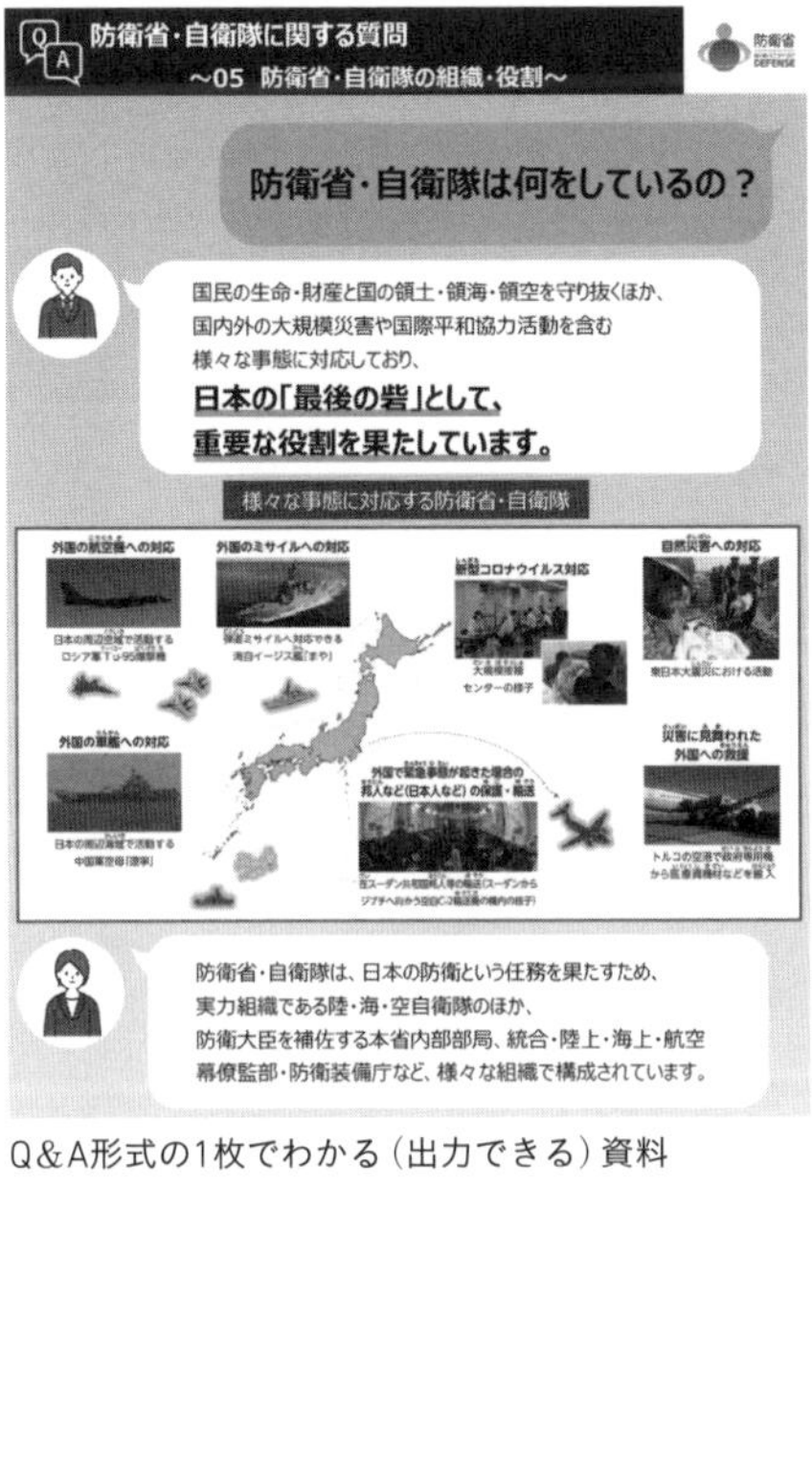

Q&A形式の1枚でわかる（出力できる）資料

に関わる機会が少ない方にとってもわかりやすい内容となるよう、これまで以上に配慮しました。

これらの資料はいずれも防衛省のウェブサイトに掲載しているので、ぜひ多くの方にご覧になっていただきたいですね。

――今、国民が防衛省・自衛隊に感じていること、求めていることは何でしょうか。また、国民からの声をどのように聴き、広報・PR活動に活かしていますか。

お陰さまで、世論調査などを見ると、「自衛隊が一番信頼のおける組織」との回答が多いと感じています。これは、隊員一人ひとりの常日頃の地道な活動の積み重ねの結果ではないかと思いますが、他方、信頼を失うのは一瞬です。慢心することなく、引き続き日々の業務に取り組んでいます。

防衛省・自衛隊は、我が国の防衛を主たる任務とする組織であり、かつ、災害対応などにも当たります。このため、常に国民のことを考えて行動するのは当然ですが、このことはわれわれが広報活動を行う際も同様です。

われわれが広報活動を行うに当たっては、国民の皆さまは今、防衛省・自衛隊の何を知りたいと考えているのか、どのような情報発信を求めているのかなど、常にその視点に立って取り組んでいく必要があります。

このため、防衛省のウェブサイトに「防衛省・自衛隊に対する御意見箱」というページを設け、国民の皆さまからの防衛省・自衛隊に対する意見を拝聴させていただいているほか、「防衛モニター」という施策に取り組んでいます。

この制度では、一般から募集し、防衛モニターとして委嘱した方々に対し、防衛省・自衛隊に関するアンケート調査を実施しているほか、年間を通し、ご意見、ご要望などをいただいています。これらの取り組みにより、国民の皆さまのリアルな「声」を傾聴させていただくよう努めているところです。

固定観念にとらわれない柔軟な発想を大切にする

――特に工夫している点や、どのような広報・PR活動を見てほしいと考えているか、について教えてください。

われわれがお伝えしたい内容を正しくお伝えできるよう、自身の発信力を向上すべく、日ごろから研鑽を積み重ねていくべきと考えています。例えば、普段行っている情報発信については、ソーシャルメディアのトレンドは日々変化するため、われわれの投稿に対するユーザーの反応を収集・分析するツールや、SNSアドバイザリー等の外部のサポートも活用しています。そして、閲覧された回数やコメントをいただいた回数などの情報を収集・整理・分析し、今後の情報発信をより効果的に実施するための資としています。

また、われわれ自身の発信力を向上させるための取り組みとして、メディア対応などの専門的知見を有する外部講師を招いた上で、一定以上の役職にある職員を対象とした研修なども実施しています。

特に、昨今の広報活動において欠かせないツールとなっているのがソーシャルメディアですが、防衛省のX（旧Twitter）は123万（2023年11月末時点）のフォロワーを有しており、中央官庁では首相官邸に次ぐフォロワー数となっています。

さらに、YouTubeについては、各自衛隊それぞれのアカウントのチャンネル登録者数が数十万人に達しています。また、市ヶ谷にある防衛省内部部局や各幕僚監部だけでなく、全国に所在する駐屯地や基地においても、それぞれソーシャルメディアを活用した発信を行っており、これら全ての駐屯地・基地を含めると、防衛省・自衛隊のXのフォロワー数は約906万人となるなど、さまざまなチャネルから多くの方にご視聴いただいています。

皆さまにおかれましても、お住まいの近くの駐屯地、基地などで週末の予定にぴったりなイベント情報などがあるかもしれませんので、是非フォローをお願いいたします。全国の地域に所在する部隊の特性を活かしたイベント、部隊活動など、それぞれが持つ特色を活かした情報発信を行っていることが、防衛省・自衛隊の広報活動の大きな特徴と言えるのではないかと思います。

また、防衛省・自衛隊の活動は国内のみならず、世界中、多岐にわたっており、同盟国・同志国等との協力や、各国から理解を得ることは欠かせません。このため、国際社会に向けても積極的な広報活動を行っており、海外で特に利用率の高いFacebookやその他のソーシャルメディアを活用し、英語をはじめとする多言語発信のほか、在京大使館等向け英文広報パンフレット（JDF）を毎月発行し、併せて防衛省英語版ウェブサイトに掲載するなどの取り組みも行っています。

国外に向けた広報活動を行っている点も、防衛省・自衛隊が行う広報活動の特徴の一つです。

――広報課長として常に抱いている広報・PRの重要なポイント・指針・ポリシーなどはありますか。

広報活動を行う上で、まず忘れてはならないのが、広報は一朝一夕で成り立つものではなく、これまで先輩方が取り組まれてきた諸活動の積み重ねにより、現在に至っているということです。先輩方から受け継いできたことを今後どう活かし、拡げていくのか。このことが広報活動の醍醐味ではないかと考えています。

また、広報活動は、広報担当職員の活動のみで成り立つものではありません。国民の皆さまから見れば、隊員一人ひとりの立ち居振る舞いは、「防衛省・自衛隊の立ち居振る舞い」と直結することになります。広報担当の職員であるか否かにかかわらず、全職員の誰しもが防衛省の印象を左右する広報担当官であることを自覚しながら、日々の任務を遂行していくという心構えが大切です。

この考えに基づき、初めての取り組みとして、2022年10月から12月の間、「防衛省広報活動強化期間」を設け、さまざまな機会を通じ、隊員からご家族や外部の方に対し、防衛省公式SNS等の閲覧を促すなど、隊員一人ひとりが広報担当官であることについて自覚を持ってもらう施策を行いました。さらに、この取り組みを継続するため、2023年3月、「広報活動の強化」の通知を省全体に対して行い、引き続き職員の意識向上に努めているところです。

この取り組みに限らず、職員に向けた啓発に引き続き取り組んでいく所存ですが、私も広報課長として、また、一人の広報担当官としての自覚をしっかりと持ちながら、日々の業務に当たっていきたいと思います。

その他、広報活動を行うに当たり、常に念頭に置いておくべき重要なポイントと考えている点は、技術革新が目覚ましい現在の社会の中で次々と生み出される最新のトレンドに乗り遅れないということです。先ほども創意工夫が必要という話をさせていただきましたが、広報活動に有益と思しき新しいツールなどがあれば、積極的に取り入れていくというマインドが必要です。

広報活動には、「広報とはこういうものだから」、「これまでもこうやってきたから」という既存の固定観念にとらわれない柔軟な発想が求められます。経験のある職員はもちろん、若手職員からの意見にもしっかりと耳を傾け、引き続き、課員全員でアイデアを出し合っていきながら広報活動を行っていきたいと思います。

インタビューを終えて

国民の声を傾聴する姿勢を常に持ち続けたい、固定観念にとらわれない柔軟な発想を心がけたい、などの非常に前向きなお話を聞くことができました。多くの人に伝えるにはどうしたらいいのか、どうすれば理解してもらえるのかを常に考えているのだと感じました。多くの国民の理解の上に成り立っている組織は、さまざまな創意工夫を凝らして、自身の存在意義を示していかないとならない点は、一般企業以上にシビアなのかもしれません。

（聞き手：電通ＰＲコンサルティング 末次祥行）

第3章

人的資本経営の鍵となるパーパス・理念起点のインターナルブランディング

ＰＲの領域は社外への積極的な働きかけだけでなく、社内エンゲージメントにも大きく寄与しています。

昨今は「パーパス経営」という言葉もよく聞かれますが、組織がどんなに素晴らしいパーパスや企業理念を掲げても、一番身近なステークホルダーである社員が納得、腹落ちしていなければ意味がありません。なぜならそれを体現していくのは他ならぬ自社の社員だからです。まさに企業の持続的な成長のカギを握るのは社員のモチベーションとエンゲージメントにかかっていると言えるでしょう。

本章では、企業広報戦略研究所が２０２３年６月に実施したビジネスパーソン１０００人を対象とした『第３回インターナルブランディング®調査』の結果をもとに、「人への投資」の重要性がさらに高まる近年において、企業と従業員のエンゲージメントを深めるにはどのような要素が重要かを抽出します。また、どのように従業員エンゲージメントを高めていくことができるのか、考察していきます。

なお、電通ＰＲコンサルティングでは、パーパスや企業理念の下に組織が同じ意識を共有し、経営層と社員が一枚岩となって行動することで、組織そのものの価値を高めコーポレートブランド力の強化を図ることを「インターナルブランディング」と定義しています。

近年ますます高まるインターナルブランディングの重要性

近年のビジネス環境は、グローバル化の進展、デジタルトランスフォーメーション（DX）の加速、そして従業員の多様化と価値観の変化といった要因により劇的に変化しています。

リモートワークや副業など多様な働き方が日常となる一方で、従業員の構成にも変化が生じています。組織の中核がミレニアル世代とZ世代に移行していく中、定年延長含めたシニア層の割合は年々増えています。さらに日本企業でも外国人や障がい者の受け入れが増え、LGBTQ+などジェンダーの多様性についても受け入れる体制が整いつつあります。そして現在ではその多様な人材を企業成長の源泉として捉える「人的資本経営」がより一層求められるようになりました。

人的資本経営とは、従業員を単なる労働力と捉えるのではなく、アイデアや価値を創出するのは人であり、その人材にスキル、経験、モチベーションなどを向上させるために投資を行い、その価値を最大化しようとする経営手法です。これは2023年3月期より有価証券報告書に「人的資本」に関する記載が義務付けられたことが契機となっていますが、こういった情報開示の動きは今後、有価証券報告書の提出義務がない非上場企業にも拡大していくのではないかと考えられています。むしろまだ義務付けられていない企業が積極的に人的情報開示に対応していくことは、取引先のESGを重視する選定で有利になる可能性もあるでしょう。また求職者にとっても従業員満足度などは知りたい情報であり、企業にとっても情報を開示することで自社に適した従業員を採用するメリットもあると思います。いずれも企業の規模にかかわらず人的資本の考え方は、多くの企業にとって中長期的な企業価値向上や成長に寄与し、プラスに働く要素になると考えられます。

この基盤を強化するための鍵は従業員エンゲージメントであり、これをどのように向上させていくのか、インターナルブランディングの重要性はますます高まっていると言えます。

転職が前提？採用PRから始まるインターナルブランディング

昨今ではTVでもウェブでも転職サイトの広告を見ない日はなく、転職市場は活況です。誰でも気軽に複数のサイトに登録ができ、CM等で背中を押され、より良い職場を求めて転職しています。また一度転職すると2回目以降のハードルは下がるためか、繰り返し転職をしている人も少なくありません。

転職・就職のための情報プラットフォーム『OpenWork』を運営するオープンワークが2023年6月に実施した『若手・中堅社会人の転職活動に関する意識調査』によると今や若手中堅社員の6割に転職経験があり、そのうち半数以上が3年以内の転職であることが明らかになりました。今後はさらに加速していくものと思われます。

そして2023年10月に厚生労働省が公表した新卒採用（大卒）の3年以内の離職率は相変わらず3割を超え、この傾向はほぼ10年前から変わりませんが前年比0・8ポイント上昇の32・3％で微増しています。


背景には国が推進する雇用の流動化と勤務形態の多様化があります。2023年6月に内閣府が公表した「新しい資本主義」の実行計画案においては、日本経済の好循環に向け、構造的な賃上げには成長産業への労働移動の円滑化が欠かせないとして、雇用の流動化に重点が置かれています。また個人のリスキリング（学び直し）の支援などを通じた労働市場改革を推進し、勤続年数などではなく、仕事の難易度に応じた職務給の導入を広げていく必要があるということも明記されています。終身雇用はすでに崩壊し、一つの会社で定年まで勤めあげる人の方が今では珍しい時代になっているのでしょう。

加えて少子高齢化で労働市場では人材不足がますます進み、社会全体で人材の争奪戦となっています。またコロナ禍、DX化の社会環境の変化を背景に、個々の働き手が自分にあった働き方を選択できるよう、企業も多様な働き方を求められ、求職者に優位な売り手市場が続いています。

もはや転職はトレンドとなり、若手だけでなく社会全体で転職への関心が高まる中、在籍期間がわずか数年の社員を前提に、企業はどのように社員とエンゲージメントを高めていくことができるのでしょうか。

そこでぬかりなく進めていきたいのが採用ＰＲです。

インターナルブランディングをスムーズにすすめていくためには、採用段階から自社のパーパス理念に共感できる人材を集められるのがベストです。それができたら苦労しないよという声もあるでしょうが、これからはそれをやっていかなければ人材流出に歯止めがかからなくなります。離職理由は業種や年代によって異なりますが、入社３年以内の離職に限らず、人的資本経営が求められていながら、相次ぐ人材流出は企業のレピュテーションも下がり、大きな損失です。特に採用後数年での離職率が高い企業は、採用時のミスマッチが起きている可能性が考えられます。

応募人数よりどれだけ自社の理念に共感する人材を見つけられるか

ちなみに本章の最後に企業のケース事例として、クラフトビールメーカー、ヤッホーブルーイングの取り組みを紹介していますが、その採用サイトの冒頭では「ご応募いただくまえに」として次のようなアテンションをしています。

「当社では入社される方とのミッション及び価値観の共有を非常に大切にしています。そのため、応募される方へは必ず採用セミナーへの参加をお願いしております。ご応募をご検討いただける方は、以下より採用セミナーにご予約いただき、ヤッホーブルーイングの方向性や価値観・雰囲気を直に感じ、理解を深めていただけたらと思います。また、社員が直接お答えする質問会もご用意しています。選考にご応募するかどうかは、セミナーへご参加いただいたあとご判断ください。みなさんにお会いできることを楽しみにしています！」

このように同社は採用時から経営理念に共感していることを条件に据えており、結果若手のうちから意思決定に参加しやすく、また納得感が高く意欲的に働けることで成果につながっているとのこと。エントリー前にこういったアテンションがあるだけでも、採用時のミスマッチは少なくすることができるはずです。

採用PRは、言わずもがな業界情報含め、企業情報など採用に関するあらゆる情報を広く発信し、候補者との新たな関係を構築することが目的です。人事担当者は応募人数がどれだけ集まったかに関心がいきがちですが、これからは企業が投資できる人材をいかに相思相愛で見つけられるか、量より質が重要になっていくのではないでしょうか。そのためにも自社のパーパスや企業理念を最初に理解してもらう必要があります。社の存在意義、社の目指すものが何か、それを伝える際の熱量も重要です。広報PR担当者も人事担当者も同じ目線で連携し、どれだけ相手を納得させられるか、営業担当でなくてもプレゼンテーション能力は高めておきたいところです。その上で採用に関する情報は候補者が知りたい視点で伝えられるとよいでしょう。

現状、先の『若手・中堅社会人の転職活動に関する意識調査』によれば、転職経験者に対して入社前にどの程度の情報収集ができたか聞いたところ、「業務内容」に対しては半数以上が「収集できた」と回答した一方で、「企業文化」に対しては、約7割が「どちらともいえない」「収集できなかった」と回答しています。

このような事態を避けるため、新卒採用においては先に紹介したヤッホーブルーイングの例のように、採用サイトを通じたアテンションの工夫が有効です。また、従来行われてきた各社のインターンシップについては、他社との差別化も踏まえ、より充実した内容になるようコンテンツ自体も見直されています。特に人材争奪戦の近年では開始時期が年々早まり、実施回数も増やすなどインターンシップのフェーズから注力する企業が急増しています。

実際の企業の職場環境や社員の日常、さらには企業文化や働き方など、外部からは見えにくい側面を伝えることは非常に重要です。ありのままの企業の姿を伝えることで採用時のミスマッチは減少していくでしょう。またインターンシップに参加した学生含め、企業に興味関心を持った学生には1対1の関係で、どれだけ質の高いコミュニケーションを実現できるかにも留意すべきです。直接の質問やサイトへの問い合わせに対しても一辺倒な回答ではなく、個々に合わせた丁寧な対応を心がけることで、その熱意は相手にも確実に伝わるはずです。

入社前の情報収集として仕事に直結する業務内容だけでなく、社のパーパスや企業理念に共感し、企業文化をきちんと理解した上で入社する社員は、入社後にギャップを感じることは少なく、またその後も仲間として受け入れられている実感があれば、社へのエンゲージメントも構築しやすくなります。また社のパーパスももちろん重要ですが、社員自身のパーパスも大事な視点で「なぜ自分がこの会社で働いているのか」「社内における自身の役割」が明確にある社員とそうでない社員は仕事に対してのパフォーマンスも成果も全く違ってきます。採用プロセスで企業のパーパスや理念をしっかり伝えていくことは最優先で行うことであり、社員のエンゲージメントに影響することを考えれば、インターナルブランディングは採用活動からすでに始まっていると言えるでしょう。

業績が好調な企業ほど、パーパスや企業理念の浸透や仕組みづくりに余念なし

先の企業広報戦略研究所の調査によると、パーパスや企業理念を設定している企業は半数以上であり、業績が好調な企業ほど、パーパスや企業理念の浸透や仕組みづくりに余念がないということがあらためてわかりました（図1）。

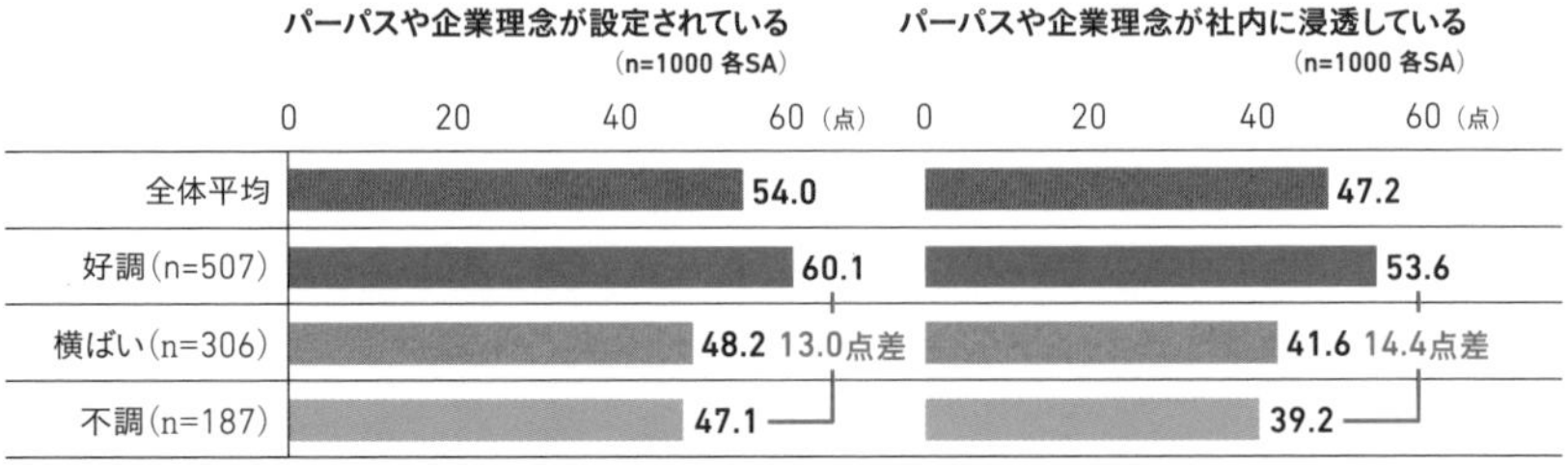

図1 企業の景況感とパーパス・理念の取り組み状況①

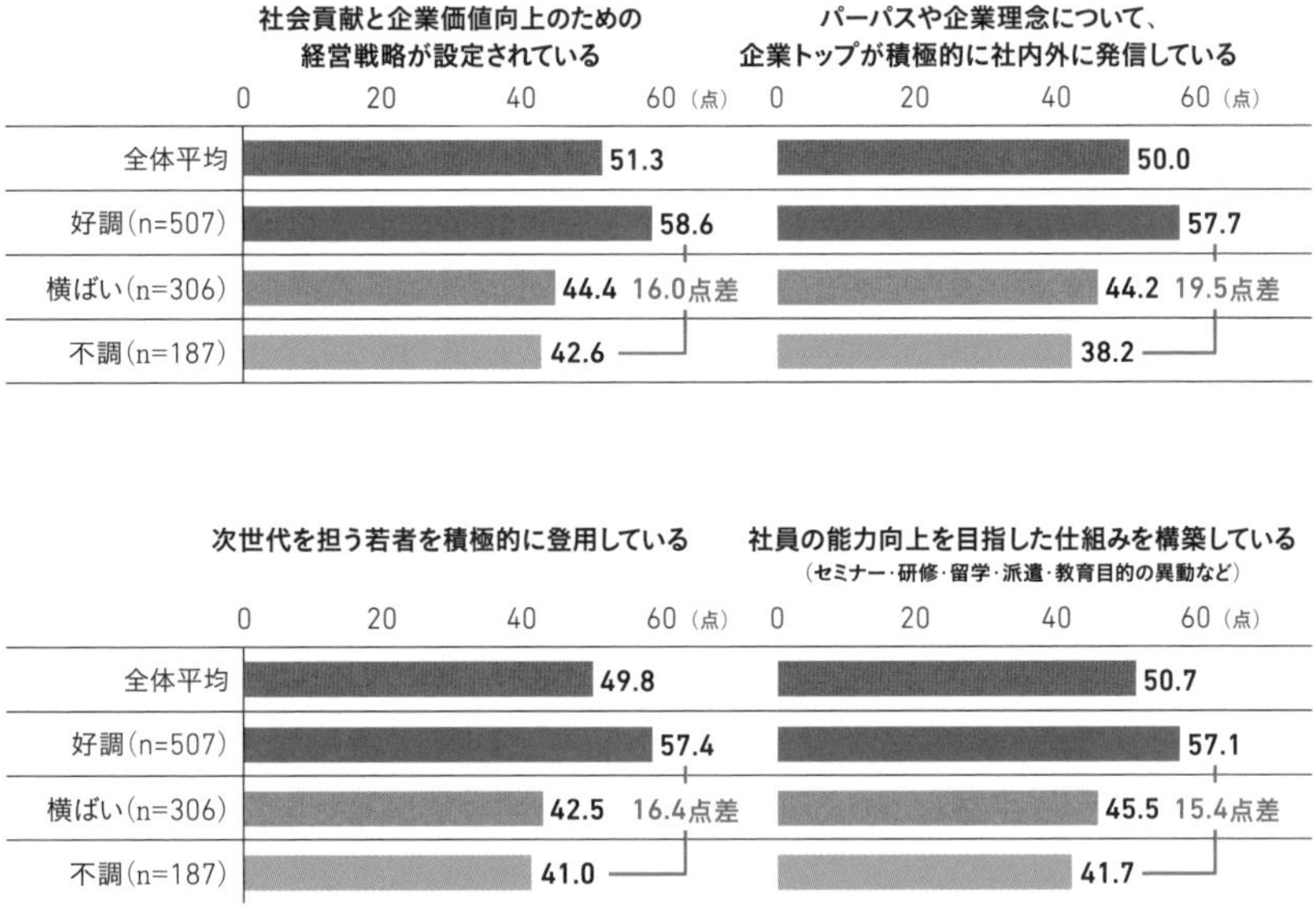

図2 企業の景況感とパーパス・理念の取り組み状況②

調査対象：従業員100人以上の上場企業に勤める全国の20〜69歳のビジネスパーソン男女それぞれ500人ずつ　計1000人　調査方法：インターネット調査　期間：2023年6月13日〜15日
第3回インターナルブランディング®調査/企業広報戦略研究所

また、業績が好調な企業は４つの項目のどれもが１００点満点スコアで50点台後半以上となり、取り組みが進んでいることも明らかになっています（図２）。

1. 社会貢献と企業価値向上のための経営戦略が設定されている
2. パーパスや企業理念について、企業トップが積極的に社内外に発信している
3. 次世代を担う若者を積極的に登用している
4. 社員の能力向上を目指した仕組みを構築している

今日離職した社員は明日の顧客、リターン採用も有効活用

特に「パーパスや企業理念について、企業トップが積極的に社内外に発信している」の項目では、業績が「不調」と回答した層と19・5点の差がついていますが、インターナルとエクスターナルで一貫したメッセージを発信することは、大切なポイントです。今日離職した社員が明日の顧客になる可能性もあるからです。さらに昨今では一度退職した社員をまた再び受け入れる企業も少なくありません。むしろリターン採用を積極的に採用する企業も増えてきています。リターン社員は企業文化を理解し、基本的な業務プロセスを把握しているため、即戦力となり生産性を高めることができます。それだけでなく、彼らは他の会社や異なる業界での経験を得

たことで、新しいスキルや外からの視点を社に取り入れ、組織の成長や変革に大きく貢献することが期待されます。

企業を取り巻く環境が日々変化し、人材が流動する中で、パーパスや企業理念をブレさせずに一貫したメッセージを社内外に発信し続けることの重要性が高まっています。

社員のエンゲージメントの高低差が、パーパスや企業理念の浸透に影響

パーパスや企業理念は、経営や社員の行動指針として機能することから、その設定と浸透は、企業にとって重要な取り組み課題です。自社におけるパーパスや企業理念の設定状況を尋ねたところ、エンゲージメントが高い層は約8割が設定されていると回答し、社内の浸透においても約7割が浸透していると回答しました。一方、エンゲージメントの低い層では、設定も浸透も1割台と、両者には大きな差が生じており、明らかに社員のエンゲージメントの高低差が、そのままパーパスや企業理念の浸透に影響していることがわかります。

パーパス浸透を軸としたモチベーションマネジメントの重要性がより鮮明に

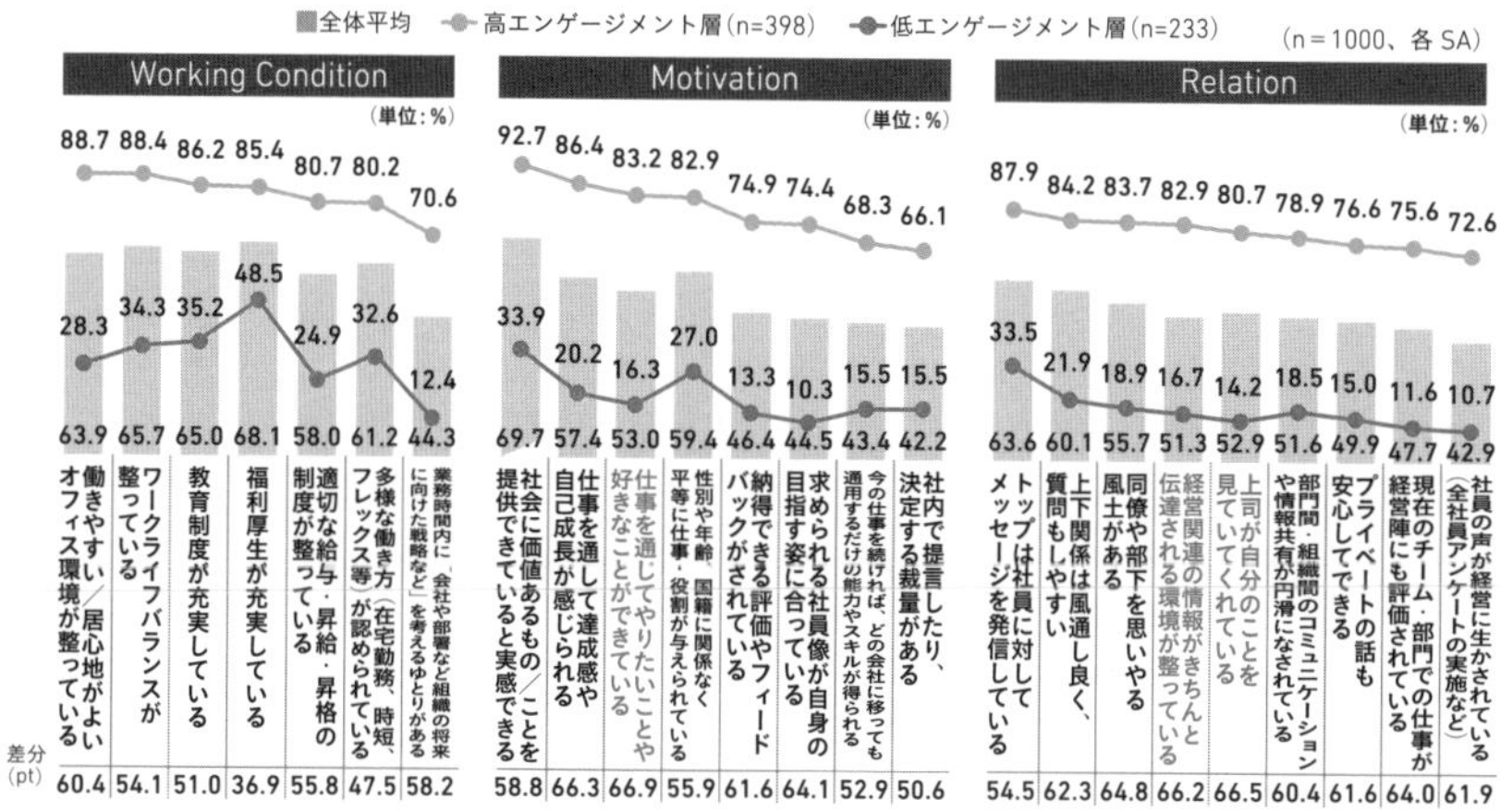

図3 自分が勤める会社や職場についての評価
第3回インターナルブランディング®調査/企業広報戦略研究所

また、自社に対する評価については、全ての項目において、社へのエンゲージメントが高い層と低い層では大幅な差がみられました(図3)。

「Relation」に関する項目では、「上司が自分のことを見ていてくれている」(66.5pt差)、「経営関連の情報がきちんと伝達される環境が整っている」(66.2pt差)で、特に差が目立っています。また、「Motivation」に該当する「仕事を通じてやりたいことや好きなことができている」(66.9pt差)は、全項目の中で最も差が大きい結果となっています。

これらから、「働き方改革」の浸透や、コロナ禍での就業環境改善の取り組みにより、制度などの整備はある程度進んでいるとみられるものの、理念に則した行動を生み出すモチベーションマネジメントや心理的安全性を高める取り組みなどが、今後さらに重要になっていくことが示唆されます。特に「人的資本経営」に取り組むにあたっては、経営者にはパーパスを軸としたモチベーションマネジメントが今後一層求められることでしょう。

強いリーダーが強い組織をつくるとは限らない

先に述べたように、心理的安全性が職場に担保されているかどうかは、非常に重要な視点です。心理的安全性が担保できないと社員が場の空気ばかり考えてしまい委縮して発言できなくなります。そしてミスしたことも報告しなくなり取り返しのつかない事態に発展してしまうケースもあります。危機管理の観点からも心理的安全性は重要で、こういったことを避けるためにリーダーの資質も問われています。

強いリーダーの率いるチームが強い組織であるとは限りません。従来の統制型のリーダーシップでは先行きの見えない状況で、素早い経営判断が難しいこともあります。できないことはできないと認める謙虚な姿勢をもち、部下からの教えを乞えるリーダーこそこれからの時代は重要となります。

そして自由に発言・提案できる企業風土、失敗しても怒られない空気が大事です。リーダーは逆に失敗から学ぶことの大切さを伝えていくべきです。

リーダーでもミスはしますし、したらすぐに過ちを認められるリーダー、部下の話を謙虚に傾聴するリーダー、そんなリーダーのいるフラットな組織こそ、リーダーと社員、企業と社員の信頼が生まれるのです。

自社の理念を知る機会は、経営トップのプレゼンより「社内報」

そしてインターナルブランディングにおいて、企業のパーパスや企業理念を言語化や可視化し発信することは、重要な施策です。

自社の理念は何で知るかを尋ねたところ、エンゲージメントの高い層もエンゲージメントが低い層も「社内報」の割合が半数以上と最も高い結果となりました（図4）。

経営トップが全社員向けに行うプレゼンテーションより、自社の理念を知る手段として「社内報」が一番に挙げられたことは、社内報の有効性をあらためて見直す必要があるかもしれません。紙の社内報からウェブ社内報に切り替えた企業も多いと思いますが、閲覧率を考慮し、あえて紙の社内報を復活した企業もあります。紙・ウェブそれぞれのメリットデメリットはありますが、紙の最大のメリットは「社員同士で一緒に見ることができる」だけでなく「家族にも

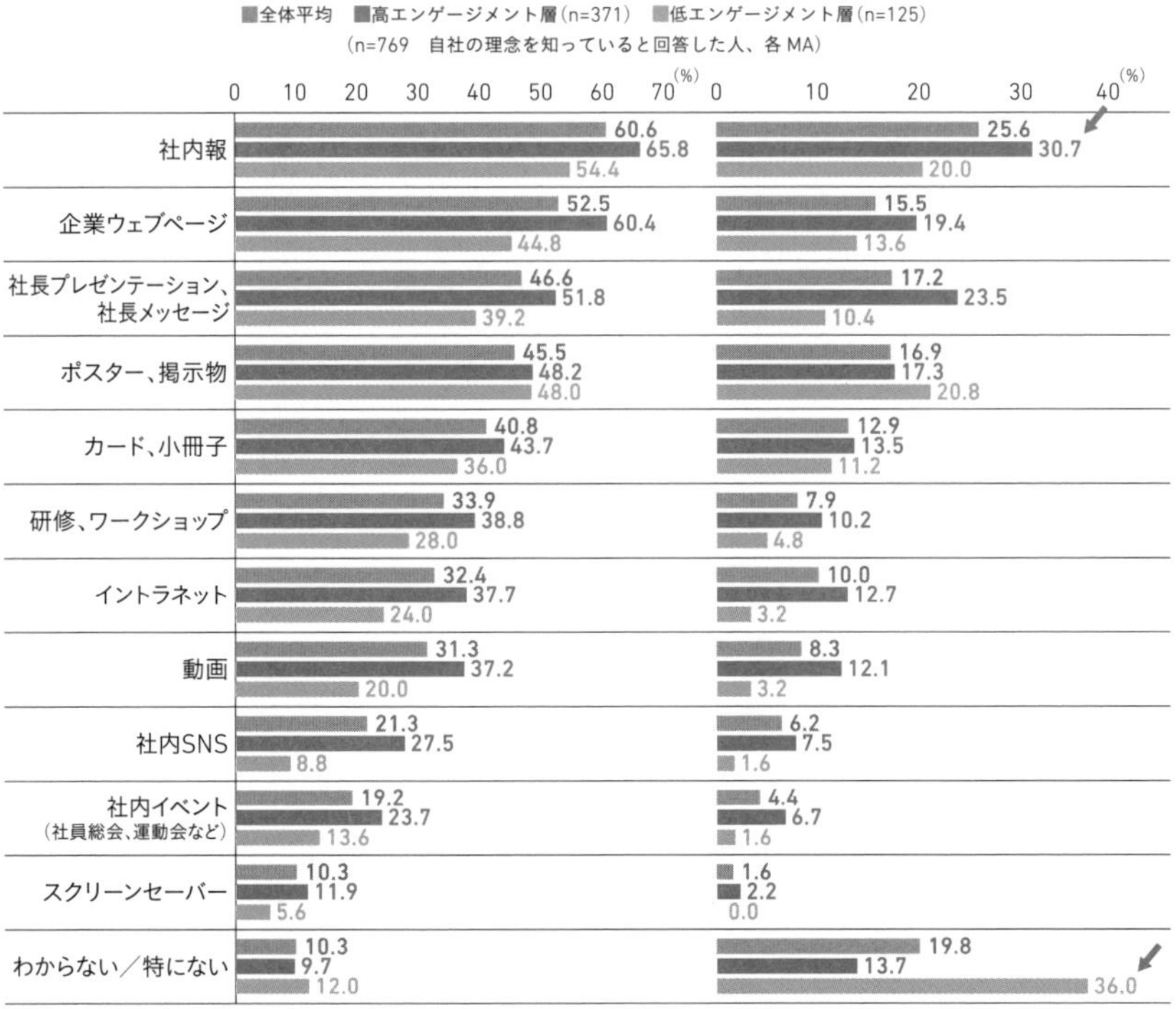

図4 企業理念等を目にする機会

図5 企業理念を目にする機会で特に印象に残ったもの

第3回インターナルブランディング®調査/企業広報戦略研究所

見せやすい」ことにあるのではないでしょうか。

いずれにしても社内報は現在においても自社の理念を知る最強ツールであり、社員の誰もが見える形で配布されることでより浸透しやすいと考えられていることがうかがえます。

一方、「特に印象に残ったもの」を尋ねると、エンゲージメントの低い層のトップスコアは「わからない／特にない」で、エンゲージメントの高い層で2番目に多い「社長プレゼンテーション、社長メッセージ」は、1割程度と低い割合にとどまりました（図5）。

この結果から、エンゲージメントの高い層は、トップの発信するメッセージに耳を傾ける傾向が強く、エンゲージメントが低い層は、残念ながら理念を目にすることはあっても、その内容に無関心である可能性があります。

「従業員が自社のパーパスを共有する場」として企業ミュージアムに再注目

またこの調査の項目には入っていませんが、もう一つ自社の理念周知に有効なものとして企業ミュージアムがあります。インターナルブランディングを目的とした企業ミュージアムの活用は、従前から行われてきましたが、企業のパーパスや企業理念を従業員に今一度伝える〝場〟として、あらためて注目されています（図6）。

設置場所は工場や研究機関だけではなく本社社屋との併設型のものもあり、社員の家族の来

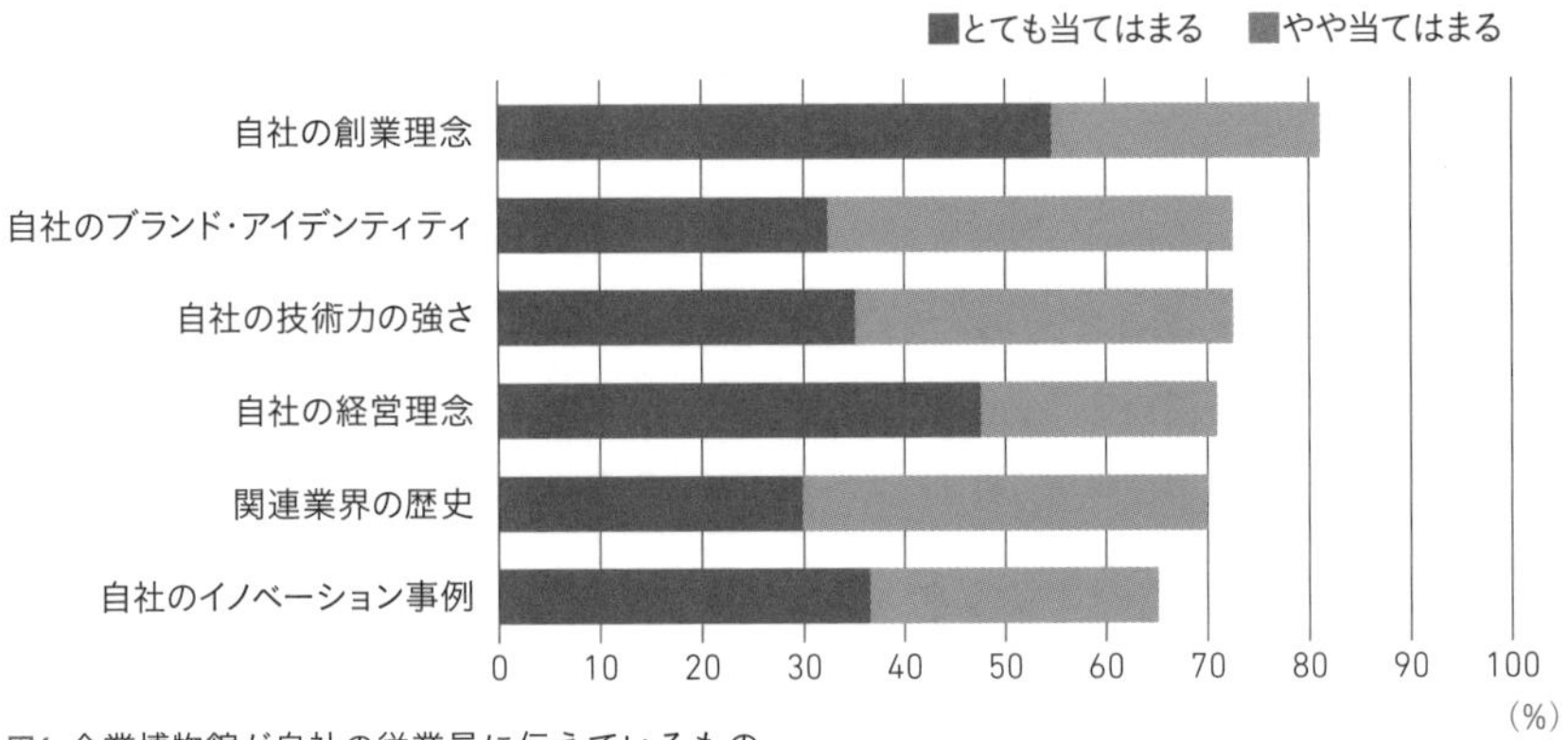

図6 企業博物館が自社の従業員に伝えているもの
『情報の科学と技術』69巻2号　「企業博物館の運営と資料管理」（大正大学 地域創生学部准教授 高柳直弥氏作成）をもとに筆者が一部修正

館を想定しているところもあります。また、来館時にアンケートをとって従業員の意識調査を行うなど、その後の態度変容なども確認するところもあります。研修の場としても利用するだけではなく、社内の各部署からの問い合わせにすぐさま対応する施設としても利用されています。企業ミュージアムは企業の生い立ちや理念を伝えることで、従業員の帰属意識や働くモチベーションに大きな影響を及ぼすこともあります。BtoB企業がマスメディアに広告やCMを打つのも、企業の対外的コミュニケーションの目的がありつつも、実は自社従業員やその家族、また企業が属するコミュニティへのメッセージングという要素の比重が大きかったりします。BtoC企業のように一般的な生活者と直接接点を持たない企業において、その存在意義を知らしめ、記憶に残すといった活動は、360度視点でそのレピュテーションが取り沙汰される現代において、ますます重要になってきています。BtoC企業でさえ商品・サービスの訴求だけではなく、それらがどのように社会を変革してきたのか、歴史とともに伝えることは必須の取り組みです。

そしてそれらの接点として重要なのが「人（従業員）」であり、その背景を支える拠り所として「企業ミュージアム」の存在が注目されているわけです。「従業員こそが企業の最も重要な資産であると考え、従業員一人ひとりの企業理念への理解や共感を集め、事業への浸透を図り、新たな価値を生み出す活動」として、まさにこの「企業ミュージアム」がインターナルブランディングを担っているのです。

社員のモチベーションとエンゲージメントの重要性

人材を社の重要な資源と考え、ここにきてようやく社の持続的な成長の鍵は従業員エンゲージメントにあると認識され始めました。調査結果で示されたように、パーパスや企業理念の浸透は社員エンゲージメントを高める一つの有効な方法です。

しかしどんなに素晴らしい理念を掲げてもすべての社員が高いエンゲージメントとモチベーションを未来永劫持ち続けていることは難しいことです。またエンゲージメントの低い社員はどんな会社にも一定数います。エンゲージメントが低ければ、転職・退職につながり、この章の冒頭でもお伝えしたように、以前にも増して若い社員は特に簡単に退職する世の中です。だからこそ採用時から理念に共感する人材を見極め、そして採用後は高いモチベーションをキープできるように、彼らに「働きがい」を用意しておく必要があるのです。

「働きがい」については、何も高額な費用がかかるリスキリングや研修ばかりではありません。すでに1on1を導入している企業は多くありますが、計画評価面談を半期に一度するだけでなく、チームのリーダーは高頻度で一人ひとりのゴールにコミットしていくことが大切です。時には業務に関係ない雑談もあえていれながら、コミュニケーションの量を増やし、その上でコミュニケーションの質を高めていく。人材育成に欠かせない視点です。

また「働きがい」をより実感できるのは、自身一人だけの成果より、人によってはチームでの達成感の方がより強く感じられるかもしれません。そのプロジェクトが困難であればあるほど、チーム全体でやり遂げたら、インパクトもさらに大きいものになると思います。

シニア層のモチベーションをどう高めていくか

社内報の価値があらためて見直されるように、組織の成果を共有し最大化する社内表彰制度の見直しも検討する価値があります。業績表彰だけでなく新しい視点で新しい部門を設けるなど、社内でのヒアリングを通じて、誰もが表彰の対象になる可能性を拡大することが望ましいでしょう。

課題はまだ多く存在します。今後、シニア層の割合が増加することが予想される中で、彼らのモチベーションを高める方法を模索することは、多くの企業にとって時代の重要な要請となっています。通常、シニア層にはその独自の経験を活かした役割が与えられがちですが、既存の知識や経験に加えて新しいスキルや情報の習得の機会を提供することの重要性も見過ごせません。シニア層がメンターとして若手社員を指導する一方で、逆に若手社員から新しいスキルや視点を学ぶことも有効です。シニアの既知のものと若手の新しい情報が交わることで、予期せぬアイデアが生まれる可能性があります。若手社員とシニア社員が共同でプロジェクトに取り組むことは、新旧の知識が融合し、イノベーションを促す可能性があるでしょう。

いずれにしても人的資本経営は、企業の取り組み方次第で今後結果が大きく変わっていくものです。人的資本経営の成功は、単に人にどれだけお金をかけたかの投資量にとどまらず、個々の従業員に対する深いコミットメントにかかっています。質の高いコミュニケーションを通じて、従業員一人ひとりのエンゲージメントとモチベーションを高めることが、人材育成の効果を最大化し、結果として企業の成長へとつながっていきます。従業員が企業のパーパスや理念を理解し、それに対して自己実現を図り、自らの能力を最大限に発揮できれば、従来のピラミッド型の組織構造は不要になるかもしれません。

人的資本経営における真の目標は、単に業績を向上させることだけではなく、従業員それぞれが持つ可能性を引き出し、個人の成長と組織の進化を同時に促進することにあります。

そのためにも企業のパーパスや理念は社員が納得、腹落ちしてもらうまで継続して機会あるごとに伝え続けていく覚悟が必要なのです。そして意識づけができて初めて自身の日々の業務に関連付けて考えられるようになるのです。時間はかかるかもしれませんが、それを繰り返し実践していければ、社員自身がパーパスや理念を体現しているブランドとなり、企業価値を高める存在となっていくでしょう。そうなれば経営トップやリーダーからの指示に頼ることなく、社員自らがパーパス・理念に沿って社内外の課題に積極的に関与・行動するようになります。そんなゴールがそろそろ見えてくるのではないでしょうか。

Interview

理念への共感とフラットな組織づくりで成果をあげるヤッホー流、人的資本経営

〝ビールに味を！人生に幸せを！〟をミッションに掲げ、クラフトビール「よなよなエール」で知られるヤッホーブルーイング。独自性のある製品開発やファンとの絆を強めるマーケティングを展開している同社は、顧客は友人、社員は家族と謳い、人と人とのつながりを何よりも大切にしています。その根底にあるのはミッションに掲げるブレない経営理念です。

第3章では、企業の持続的な成長のカギを握るのは社員のモチベーションとエンゲージメントであり、それには自社の理念に共感・納得してもらうことが重要であると考察しています。同社はまさに採用時から経営理念への共感を重んじており、社員がその理念を体現することを重視しています。

ヤッホーブルーイングでは組織内の一体感や社員のエンゲージメントをどのように

高めているのか、採用や人材開発、組織開発を担当される内田みゆさんにお話を伺いました。

内田 みゆ 氏
株式会社ヤッホーブルーイング　モチベーションブルワーズ（採用・人材開発・組織開発ユニット）

2017年に新卒で、株式会社ヤッホーブルーイングに入社。2年間情報システムユニットに所属した後、2019年に現在のユニットに異動。現在は採用や人材開発、組織開発などを担当。

チームビルディングの研修から生まれた社歌

――〝ビールに味を！人生に幸せを！〟とはどのようなミッションなのでしょうか？

私たちは画一的な味しかなかった日本のビール市場にバラエティを提供し、新たなビール文化を創出することで、ビールファンにささやかな幸せをお届けすることを目指しています。ただ製品をお客さまにお届けするだけではなく、ファンとの交流イベントの開催や、従来のビール会社の枠を超えたユニークなプロモーション等、独自の活動を行っています。言うなれば、ヤッホーブルーイングは「ビールを中心としたエンターテインメント事業」なんですね。私たちはビールを通じてささやかな幸せをお届けしたいという想いが常にベースにあります。

――ミッションは社歌「ビールでつくろう」でも表現されていますね。社歌でここまで自社の魅力を訴求できるのかと最初から最後まで見入ってしまいました。

ありがとうございます。社内はもちろん社外に向けても発信しており、社歌を見て入社を決めたという社員もいます(笑)。個性豊かなスタッフたち、垣根のないフラットな雰囲気、真剣に仕事に取り組む姿勢、幸せそうなファンの笑顔。私たちの企業文化とミッションをすべて歌と映像に詰めこんでいます。

そもそも当初は社歌の制作ではなく、チームビルディングを目的とした新人研修で自社の魅力を伝える動画制作をお題に出したことがきっかけでした。新人6名が社内を巻き込んで一大プロジェクトとし、作詞作曲から映像の撮影や演出まですべて手づくり、作中には100人以上のスタッフが出演しています。

こういったことが社内だけで実現できたのもフラットな組織づくりを目指しているからこそ、年齢や役職に関係なく議論し合え、それぞれ考え方も異なるので時間はかかりましたが、最後はプロジェクトメンバー全員が納得するものができたのではないかと思います。社歌に限らず、一つの施策を遂行するなかで、お互いが凸凹(強み、弱み)あるピースであることを理解し、つなぎ合わせていくことがチームビルディングと考え、ヤッホーブルーイングではこのような取り組みをプロセス含めて日々の業務に生かしています。

――フラットな組織づくりとは？

例えば、役職・年齢・男女の差なく言いたいことを言えるような雰囲気をつくるためにスタッフ同士を「ニックネーム」で呼び合う制度を取り入れています。スタッフ同士だけでなく社長も「てんちょ」と呼ばれていて社長との距離も近くなったように感じています。

他にも毎朝30分全員が参加する雑談朝礼では、あえて「仕事と関係のないくだらない話」をしています。日常の中から気軽なコミュニケーションをとることで、人となりを知ることができ、

YouTubeで公開されているヤッホーブルーイング社歌「ビールでつくろう」

その量が貯金となり、業務において互いに意見を言いやすい環境を創り出しています。また、朝に行うことで「明るい雰囲気で仕事を始めることができる」という効果もあり、職場環境の向上にも役立っているのではないかと思います。

もう一つ「ディレクター立候補制度」というのがあり、年に1回誰もが部門責任者に立候補できる仕組みがあります。立候補者は経営戦略や事業計画を全スタッフにプレゼンします。そのプロセスは、会社の未来をどう描くかを考える良い機会となり、経験者はより一層仕事を自分ごとに捉えて打ち込むようになりました。また、人事を他人事にしないという目的のもと、全スタッフが発表を真剣に聞き、評価します。人事部門や経営層だけでなく、スタッフの意見も参考にして部門責任者の決定をします。弊社は最大の成果を得るために、創業時からフラットな組織を選択しています。

日常的に経営理念に触れる機会をつくる

――さまざまな施策で社内には十分向き合っているように思いますが、さらに2022年から全社員対象に経営理念浸透強化の場を設けていると伺いました。それはどのような理由からでしょうか？　またその内容についてもお聞かせください。

弊社ではスタッフの経営理念への共感をとても大事にしています。目指している方向性が揃った状態で、働き方の価値観なども丁寧にすり合わせることで、生産性が高まり、スタッフみんなが心身健康に楽しく働けるようになると考えているからです。

もともとは年に一度、期末（11月末）に一日かけて行う全社員研修の場で来期戦略発表と経営理念やチームビルディングをテーマにした文化研修を実施していました。その目的は、来期の戦略を実現するにあたり、全社員で経営理念やチームビルディングについて考え、理解を深めることで自分ごと化し、日常的にこの考え方を意識せずとも使える状態になってもらうことでした。

しかし、組織の拡大に伴い各部門の戦略共有も必要となり、期末の研修の目的を戦略共有のみに絞った結果、経営理念に触れる機会が減ってしまったのです。そこで全社員研修とは別に経営理念をテーマとした研修の場を設ける必要があると考え、新たに設計しました。その研修のことを弊社では「ヤッホー文化の日」と呼んでいます。

――「ヤッホー文化の日」では、具体的にどのようなことを行うのですか？

自社の経営理念やチームビルディングの考えを理解し、あらためて自分ごと化して考える全社員を対象とした研修になります。年に一回、半期のタイミングで、平日の午後3時間かけて行っています。

初開催の2022年は「私たちが目指すチーム像とリーダー像の理解を深める」というテーマ

で行いました。チームで働くことを大事にしている私たちにとって、強いリーダーだけではなく、場面場面で得意な人がリーダーシップをとれるようなファシリテーター型リーダーというあり方についての理解を深めました。その成果はアンケート結果に表れており、「チーム像とリーダー像」を理解することができたと回答したスタッフは全体の9割を超えていました。また実際にその後開催したファシリテーター型リーダーをより理解したい方向けの研修では、述べ76名ほどが参加し、さらに理解を深めています。

また２０２３年は、「経営理念を知り、正しく理解する」をテーマにしました。経営理念の解釈についてインプットを揃え、正しい理解を深めるために、経営理念を説明する動画を作成し事前に視聴してもらいました。

研修当日はその内容をさらに深掘り、実際の仕事での好事例をシェアするなどしました。その結果、「正しく理解ができた」と回答したスタッフは95％を超え、「実際に仕事に理念を当てはめることで解像度が増した」などの意見も見られました。

――「ヤッホー文化の日」の研修に加えて「経営理念朝礼」についての取り組みも教えてください。

２０２３年の文化の日から4カ月経った10月下旬に、「経営理念朝礼」というものを開催しま

研修前に全社員が視聴する【経営理念説明動画】
教えててんちょ①「経営理念、ミッション、ビジョンとは？」（全5編あり）

「ヤッホー文化の日」の研修の様子（2023年11月）

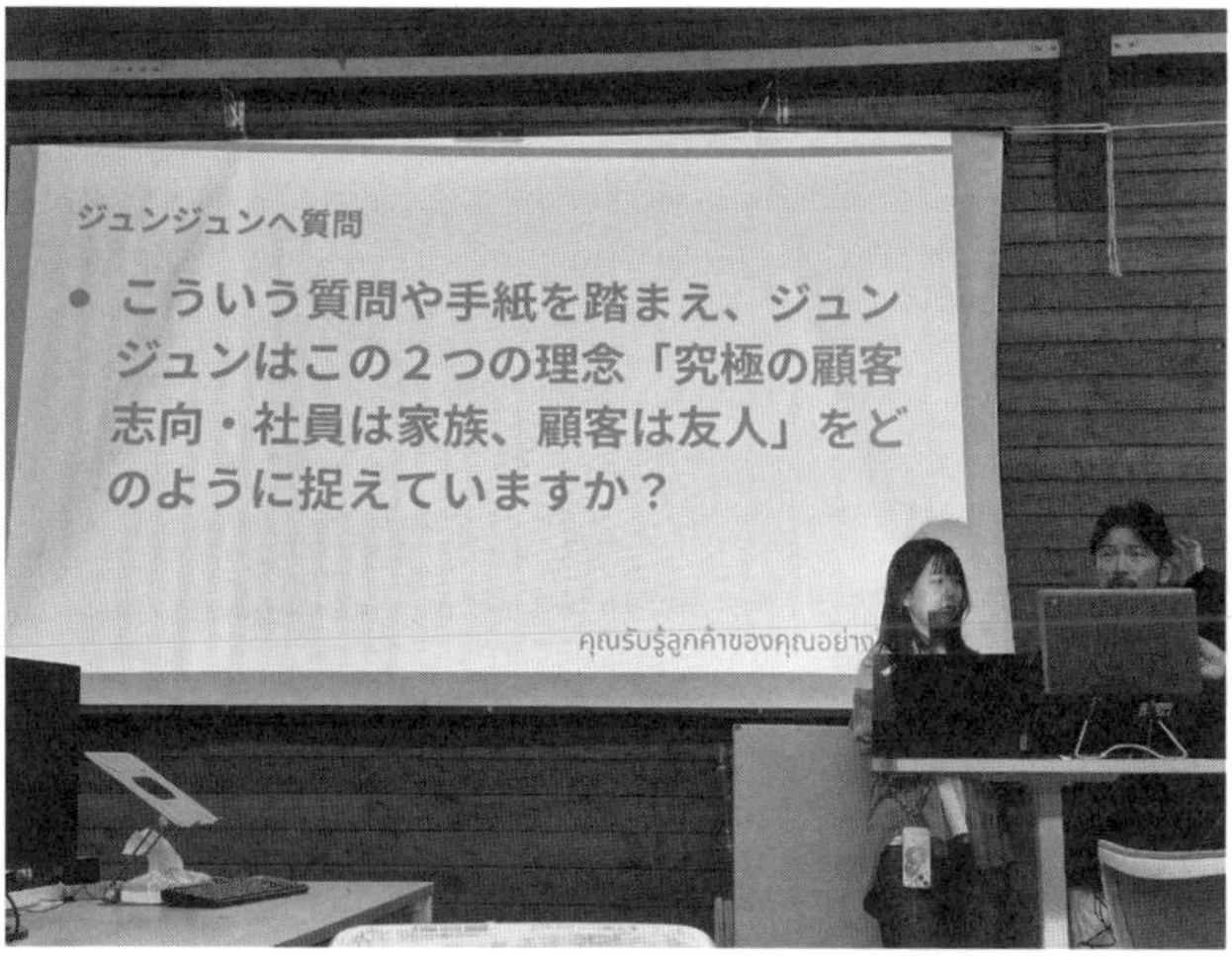

経営理念朝礼の様子

した。この施策は長時間ではなく普段毎日実施している雑談朝礼の30分を利用して実施をしました。3時間の研修とまでいかずとも、経営理念に触れる機会を日常的に設け、経営理念を自然と意識せずとも判断軸として使える状態を目指しています。

ヤッホーブルーイングは、組織の拡大に伴い、経営理念に触れる機会を設けることの重要性が増しており、今後も研修や朝礼などさまざまな方法で取り組みを強化していく予定です。

なにより、価値基準がそろえば成果につながりやすくなるだけでなく、納得感が増し楽しく働くことができると考えています。まだまだ課題は多いですが、「ビールに味を！人生に幸せを！」というミッションのもと、スタッフが楽しみながら、ビールのファンの皆さまにささやかな幸せをお届けできるよう高みを目指していきたいと考えています。

インタビューを終えて

日本のビール市場全体が縮小する中で、クラフトビールの市場は拡大を続け、ヤッホーブルーイングは19年連続で増収を記録。大手ビールメーカーに比べ広告宣伝などのマーケティング費用が限られる中、同社はオウンドメディアやSNSでの積極的な交流、ファンが一堂に会するイベント開催などの施策を数多く打ち出し、熱量の高いファンに支持されています。この一連の活動を牽引し、成功に導いているのは、その熱意と創造性に満ちた社員たちです。

自社の経営理念に共感した社員は「会社に何かを期待するのではなく、自分はどうしたいのか？」「そのために自分は何をするのか？」と自ら考え行動しています。またフラットな組織づくりによって生まれる議論の白熱を「意見の対立は衝突を生むのではなく、より多角的な視点で議論ができるというプラスの側面を持っている」と考えています。企業の成長の鍵を握るのは、まさにこういった社員たちではないでしょうか。

そして同社の成果は業績だけにとどまりません。Great Place To Work® Institute Japan

（GPTW Japan）が毎年発表する「日本における働きがいのある会社ランキング」で8年連続ベストカンパニーに選出され、本社がある地元長野県でも働きがいのある職場として複数回受賞しています。

これらは「社員が家族」という同社の価値観を体現したふさわしい成果であると言えるでしょう。

〝ビールに味を！人生に幸せを！〟のミッションはまず社員が幸せであることが重要なんですね。

（聞き手：電通ＰＲコンサルティング 中川郁代）

第4章

浸透したSDGs、実践へ移行するESG経営
～企業の本気度が注視される時代へ～

第4章では、各種調査でも明らかになった、広報・PR担当者が最も注目し、今後注力するとしているSDGs対応の現状とESG経営の具体的取り組みや課題について考察したいと思います。

もちろん、これまでもこれらへの取り組みは社会の各所、企業各社で宣言されてきたものの、コロナ禍を経てその取り組み方も変遷し、また各種企業活動の実践においても課題が見えてきました。

現在、企業はその取り組みにどう向き合っているのか、またそれら活動に対する社会からの受け止められ方がどう変わってきているのかをデータと共に解説します。

企業におけるSDGs対応への高い関心は継続

2022年6月に企業広報戦略研究所が実施し、日本の上場企業450社が回答した「第5回企業広報力調査」では、担当する業務のテーマでこの8年に最も伸長したのは「CSR、SDGs」でした。また、今後重視する広報活動の1位は、「ESGやSDGsにおいて自社に期待される役割の把握・分析」という結果が示されています(**図1**)。

担当する業務テーマ（複数回答）
貴部署の担当する広報テーマはどのようなものですか

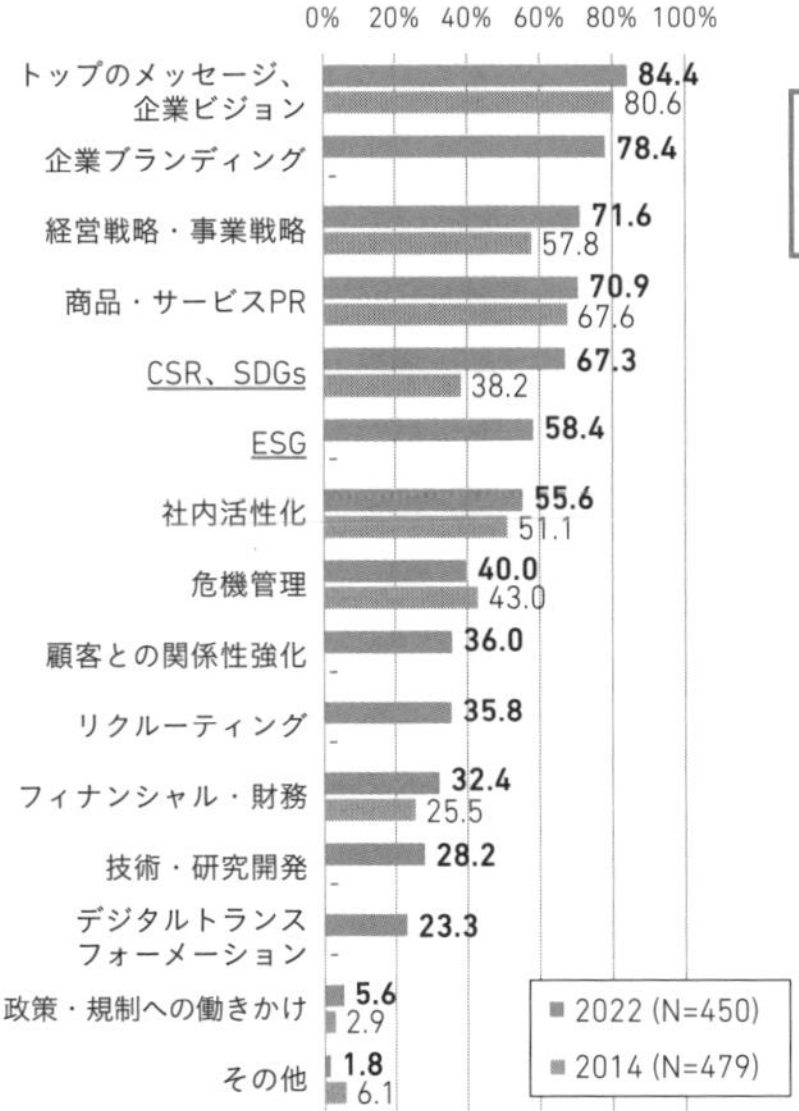

第5回企業広報力調査/企業広報戦略研究所
調査対象：日本の上場企業3765社
有効回答数：450社（回答率12.0%）
調査方法：郵送・インターネット調査
調査期間：2022年6月27日～9月5日

今後重視する広報活動　90項目ランキング
（複数回答、N=450）

順位	9つの広報力領域	項目	選択率(%)
1	課題把握力	ESGやSDGsにおいて自社に期待される役割を把握・分析している	54.4
2	ファクト力	広報目標達成に向け、ESGやSDGsの活動に取り組んでいる	48.7
3	目標設定力	中・長期的（3年程度～）な広報戦略を作成している	48.0
4	クリエイティブ力	ESGやSDGsの取り組みに関するコンテンツ設計をしている	45.1
5	インパクト評価力	広報・IR活動が、株主・投資家に与えた影響を測定している	43.6
5	クリエイティブ力	従業員の信頼・愛着・誇りを高めるコンテンツ設計をしている	43.6
7	クリエイティブ力	株主・投資家の期待や信頼を高めるコンテンツ設計をしている	43.1
8	クリエイティブ力	広報戦略に基づき、PRメッセージ・ストーリーを策定している	42.7
9	クリエイティブ力	生活者・顧客の共感や信頼を高めるコンテンツ設計をしている	41.6
10	クリエイティブ力	メディアの興味・関心をとらえたコンテンツ設計をしている	41.3
10	目標設定力	経営戦略とリンクした広報戦略を立案している	41.3

※注：今後重視する広報活動の「9つの広報力領域」については第2章図3「価値づくり広報モデル」（50ページ）を参照。

図1　担当する業務テーマと今後重視する広報活動

また、日本パブリックリレーションズ協会がその翌年の3月に会員企業206社と非会員企業25社を対象に実施した「2023年 PR業実態調査」でも、今後ニーズが増える業務トップ10の1位は「SDGs／ESG投資関連コミュニケーション業務」でした。[★1]

両調査はいずれもコロナ禍に行われたものですが、外部環境が激変した中においても、企業にとってSDGsはESGとともに関心高いテーマであり続け、今後も重視する広報活動やニーズが増える業務のトップに位置づけられていたことが伺えます。

このように社会や企業の関心は順調に高まり、SDGsという言葉は現在の日本で広く知られるようになってきました。企業広報戦略研究所が2023年7月に実施した企業魅力度調査（全国一般生活者1万人対象）によれば、SDGsの認知率は93・4％とすでに9割を超えており（図2）、これは、小学校や中学校での教育課程に採り入れられたことに続き、高校でも2022年度から授業に導入されたことなどから、若い世代での認知率が全体を底上げしていると推察されます。ただしこれだけ認知率が高い日本ですら、達成度でみると2023年度の日本のSDGs達成度は166カ国中21位であり、2017年の11位をピークにじりじりと低下しています。[★2] 具体的な項目で言えば、ジェンダー平等や気候変動対策など五つの目標が「最低評価」になっており、総合ランクでは前年（163カ国中19位）から2ランク下がり、まだまだ課題は多くあるのが現状です。

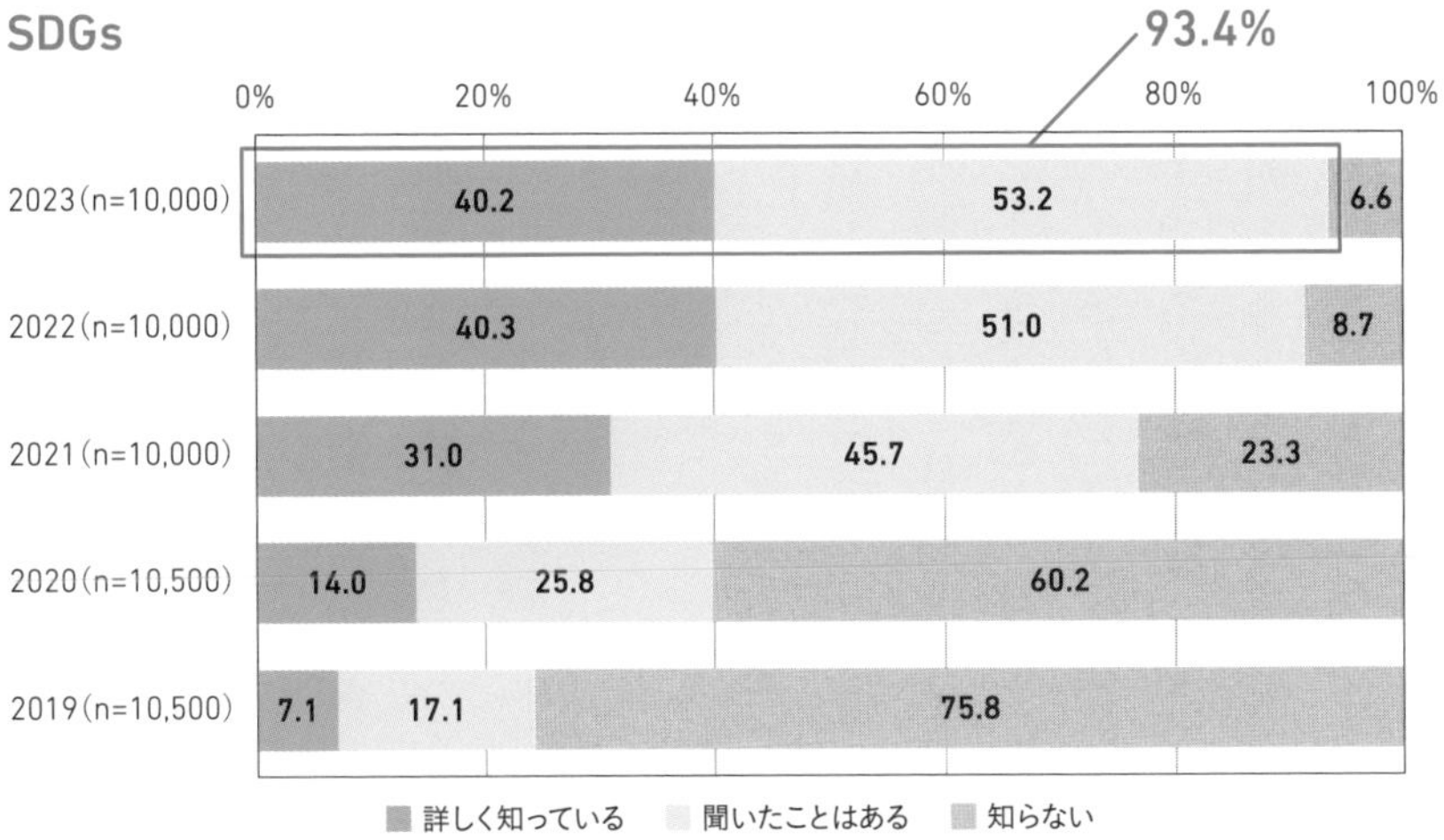

「第8回　魅力度ブランディング調査」概要
調査対象：全国の20〜69歳の男女　計10,000人※20業界（200社）のいずれかに魅力を感じている人（各業界500人）。　調査方法：インターネット調査　期間：2023年7月14日〜7月24日

図2 SDGsの認知状況（第8回　魅力度ブランディング調査／企業広報戦略研究所）

グローバルでみてもSDGsの進捗は非常に厳しいものになっています。2023年は、2030年のSDGsゴール達成に向けた中間地点であり、2019年以来4年ぶり2回目の国連のSDGsサミットが開催されましたが、コロナ禍、気候変動の進行、ウクライナでの戦争などによってSDGs達成が危ぶまれる中、残り7年でどのようにゴールに近づけるかが最大の焦点となりました。

★1　2023年 PR業実態調査（日本パブリックリレーションズ協会／2023年3月）
https://prsj.or.jp/shiraberu/2023_pr_industry_investigation_report/

★2　「Sustainable Development Report 2023（持続可能な開発レポート）」（国連と連携する国際的な研究組織「持続可能な開発ソリューション・ネットワーク」／2023年6月）
https://sdgtransformationcenter.org/reports/sustainable-development-report-2023

国連が23年7月に発表した報告書によると、ＳＤＧｓのターゲットのうち「順調に推移している」と評価されるのは15％にとどまるという残念な結果となっています。[★3]

国連のアントニオ・グテーレス事務総長はサミットの演説で、ＳＤＧｓの理念「誰一人取り残さない（Leave no one behind）」を引用しながら、「私たちは誰一人取り残さないどころか、ＳＤＧｓを取り残してしまう危険性がある」と危機感を強調しました。そしてそのグテーレス事務総長の危機感は、さらに深刻な事態へと拡大していきます。国連のＳＤＧｓサミット閉会の翌月にイスラエル・パレスチナ問題が再燃し、いまやＳＤＧｓは最大の危機的な状況にあると言えます（２０２３年12月現在）。

ＳＤＧｓはご承知の通り、２０１５年9月の国連サミットで加盟国の全会一致で採択された「持続可能な開発のための２０３０アジェンダ」に記載された、２０３０年までに持続可能でよりよい世界を目指す国際目標です。これは、途上国の貧困など特定の開発目標に焦点を当て２００１年に策定されたＭＤＧｓ（ミレニアム開発目標）の後継施策でもあり、２０１５年には活動終了し、一定の水準に達したと評価されたものの、未達成の課題もいくつか残されました。そして、より包括的で普遍的な目標の必要性が認識され、国連創設70周年を迎えた２０１５年、経済成長、社会的包摂、環境保護の3つの相互に関連する要素を基盤とする『持続可能な開発のための２０３０アジェンダ』が１９３加盟国により全会一致で採択されました。このアジェンダは、17の『持続可能な開発目標』（ＳＤＧｓ：Sustainable Development Goals）と１６９のターゲットと２３２の指標で構成され、先進国を含むすべての国とステークホルダーが当事者として貧困と飢餓の撲滅、良質な教育の提供、性別平等の達成、気候変動への対策など、幅広い目標を２０３０年までに達成することを目指しています。

実はこのＳＤＧｓの推進においては、広告・ＰＲ業界もその取り組みを期待されており、翌年の２０１６年には世界最大級の広告賞「カンヌライオンズ 国際クリエイティビティ・フェスティバル（Cannes Lions International Festival of Creativity）」に潘基文（パン・ギムン）国連事務総長が出席し、コミュニケーション業界全体にもＳＤＧｓを牽引するようなイニシアチブを求め、その後、２０１８年にはカンヌライオンズにＳＤＧｓ部門ができるなど、その指針が踏襲されています。このＳＤＧｓ部門の設立は、広告やマーケティングが単に製品やサービスを宣伝するだけでなく、より広い社会的責任を担うべきだという認識の高まりを示すものでもあり、クリエイティブなアプローチを通じて、ＳＤＧｓの目標達成に向けた啓発や行動を促進することが期待されました。また先のカンヌライオンズの２０２３年のアワードエントリー要項において、各キャンペーンにおけるCO_2排出量を記述する欄も設定されるなど、業界を上げてその取り組み姿勢を確認する手立てが継続してとられています。

★3 「2023 The Sustainable Development Goals Report Special edition（持続可能な開発目標（ＳＤＧｓ）レポート ２０２３：特別版）」11p／（スライド13p）／（国連／２０２３年7月）
https://unstats.un.org/sdgs/report/2023/The-Sustainable-Development-Goals-Report-2023.pdf

企業が本気で取り組み始めたＥＳＧ経営の現在地

一方、ＥＳＧは企業が中長期的な企業価値の向上のために財務に加えて取り組むべき重要な３つの非財務の領域（環境：Environment、社会：Social、企業統治：Governance）を指し、これらを推進することで企業の持続可能な成長や社会的価値の創出を目指すものです。従来の株式市場では財務情報を重視した考え方が主流でしたが、２００６年にコフィー・Ａ・アナン国連事務総長がＥＳＧに配慮した投資を求める「責任投資原則（ＰＲＩ：Principles for Responsible Investment）」を提唱したことを機に、この考え方に賛同する金融機関が劇的に増え、ＥＳＧ投資が広がりました。すなわち、資産を預かる受託者がその資産を最大化させるときの義務として、環境や社会、ガバナンスに対する企業の取り組みも加味して資産運用をすべき、という考え方であり、つまり、財務パフォーマンスだけを見ていては、投資でリターンは望めないことを明確に規定したわけです。

逆に気候変動、人権問題など多様な社会課題が顕在化する現在において、ＥＳＧの観点での配慮ができていない企業は、投資家などから企業価値毀損のリスクを抱え長期的成長が見込めない企業とみなされます。そもそもは投資家視点から、気候変動や人権問題などさまざまな社会課題が顕在化する中で、ＥＳＧ経営は企業が長期的な成長を目指すのに必要な観点として注視されていましたが、コロナ禍を含む未曾有の環境変化によって、順調な業績維持を目指すためというよりも、まさに企業が中長期的に存続するための要諦として必須の取り組みであるこ

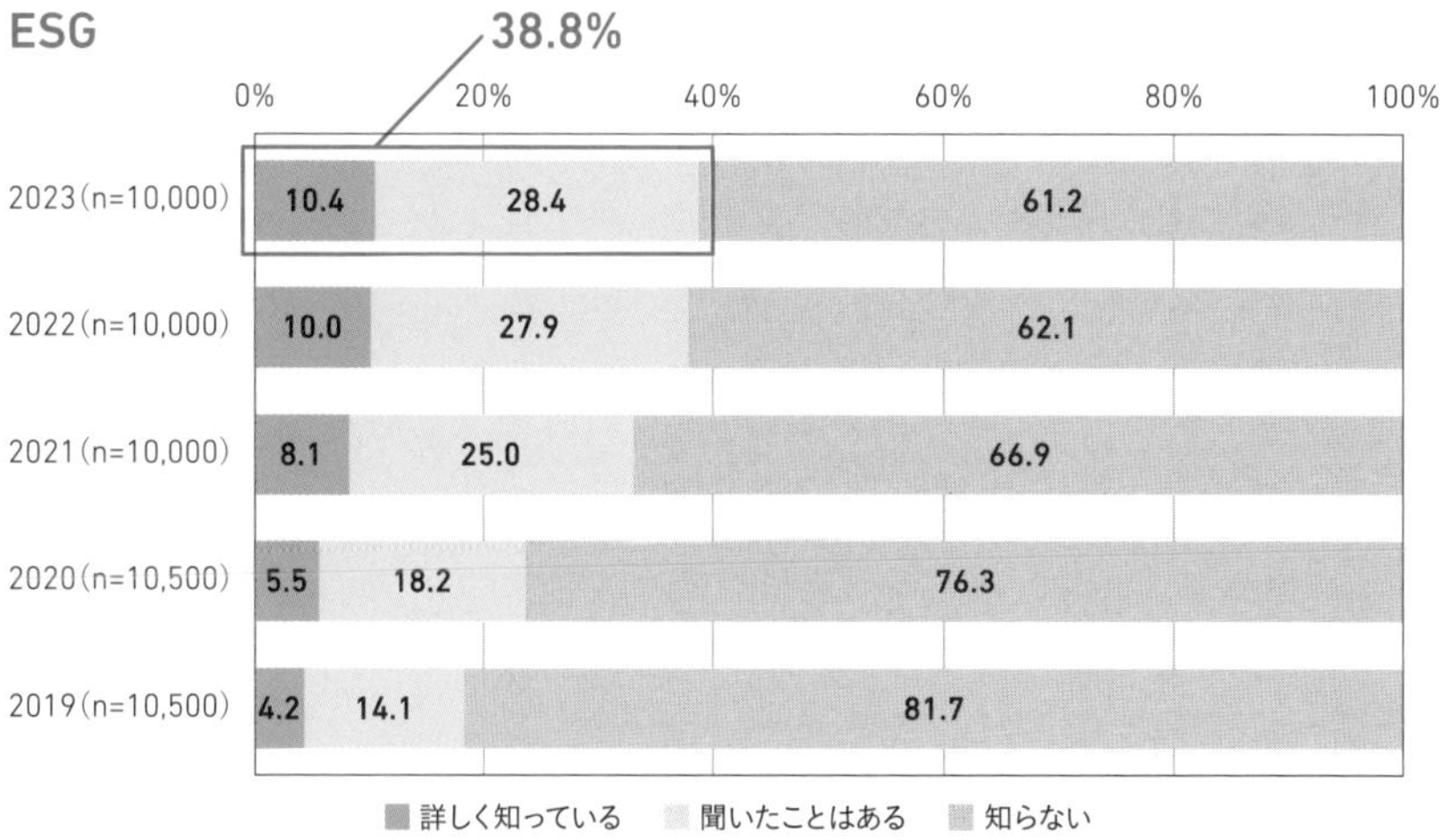

図3 ESGの認知状況（第8回　魅力度ブランディング調査/企業広報戦略研究所）

とが広く認識されたのではないでしょうか。

しかしながら、先の生活者1万人の認知率調査によれば、ESGの認知率は40％に満たず、SDGsほど一般の人々にはまだ浸透していないのが現状です（図3）。

ESGは投資判断や企業戦略に関わる要素であるため、投資家や企業経営者以外には直接関係しないと認識されがちです。そのため、一般生活者をもターゲット層とするSDGsが教育機関や多くの一般メディアで取り上げられる一方、ESGは専門的なビジネス・金融メディアで主に報じられ、一般生活者層における両者の認知度に大きな開きがあるのは当然と言えます。ただし、今後個人投資家の獲得も企業の命題であり、その意味でもこれらの活動をもっと一般生活者を含めた社会に対して広く提示し、エンゲージメントを高めていく努力が必要と言えます。

もちろん、ＥＳＧ経営への取り組みは、コロナ禍前から国連の呼び掛けにより世界的に企業経営者には浸透してきていますし、２０２３年３月決算期からは有価証券報告書に人的資本の情報開示など非財務情報の開示が義務付けられたことも、さらにＥＳＧへの取り組みを加速していくことになるでしょう。

また近年（２０２３年６月）では、国際サステナビリティ基準審議会（ＩＳＳＢ：International Sustainability Standards Board）がＩＦＲＳサステナビリティ開示基準を公表したこともあり、今後は各企業の取り組みが横並びで比較できるようになることで、投資家にとっては企業のＥＳＧへの取り組み状況を客観的に判断できるようになる一助となり、また企業にとってもインパクトのある取り組みはより差別化され、評価されていくものと考えられます。

ＳＤＧｓやＥＳＧへの取り組みの実態

それでは現在ＳＤＧｓやＥＳＧへの取り組みに対して、企業の実態はどのようになっているのでしょうか。

広報会議編集部「企業の広報・ＰＲ活動に関する調査２０２３」（２０２３年２月号「広報会議」誌面で発表）によると、ＳＤＧｓ重点施策について「設定している」「検討中」が56・５％を占めていました（図４）。

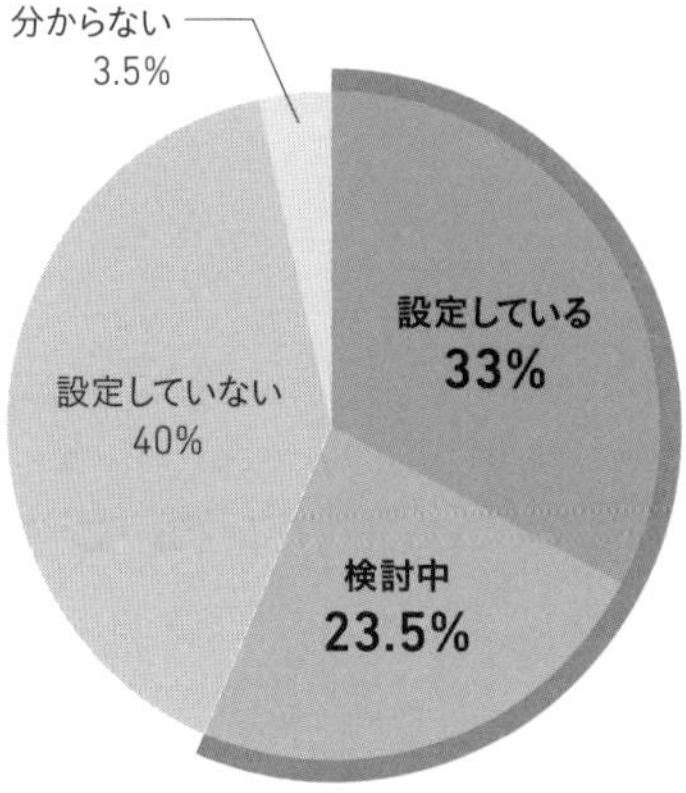

図4　SDGs重点施策の設定状況

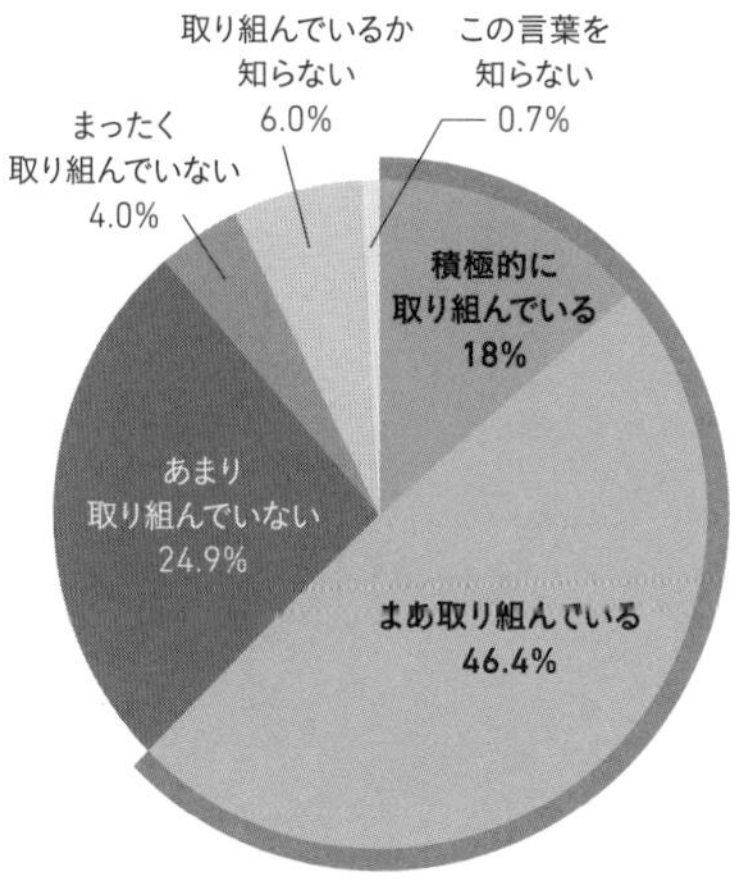

図5　自社のSDGs、サスティナビリティや社会貢献に関する取り組み

また、企業広報戦略研究所が従業員100人以上の日本の上場企業に勤めるビジネスパーソン1000人を対象に2023年6月に実施した調査では、自社のSDGsやESG、サステナビリティや社会貢献に関する取り組みについても、6割以上が「取り組んでいる（積極的に取り組んでいる・まあ取り組んでいる計）」と回答しました（図5）。

SDGs認知率は高くても、企業の実際の取り組みはまだ6割ほどというところが実態のようです。また前述した「第5回企業広報力調査」においても、今後重視する広報活動の1位「ESGやSDGsにおいて自社に期待される役割の把握・分析」は54・4％と、昨年では6割には届かない数字だったので実態はそこから微増した範囲にとどまっているということになります。

図6 企業のESG・SDGsに対する取り組み認知後の行動
調査概要は「第8回 魅力度ブランディング調査」と同じ

一方、それらの活動は一般の生活者からはどのように評価されているのでしょうか。

以下のデータは「企業のＥＳＧ・ＳＤＧｓ活動を知った後に実際に行動を起こしたかどうか」について、1万人の生活者を対象に行われた調査の結果です（図6）。

全体の約40％が「企業のウェブサイトを調べた」「商品やサービスを購入した」「家族や友人に話した」など、企業に対しての関心を持ち、また購買行動など前向きな行動を起こしています。すなわちこれらの取り組みは、結果として企業にポジティブな成果を生み出しており、このような生活者のエンゲージメント向上につながる活動は、積極的な実践とともに情報を発信していくべきなのです。

取り組みはもはや当たり前
取り組まないリスクと「ウォッシュ」の問題

もちろんこれらの数字は、今後の各企業の取り組み方の状況によって変化していくことも十分考えられます。各企業の当該領域での活動への期待がさらに生活者の間で高まり、その先に「取り組んで当たり前」といった義務に近い評価に変わることが予測されます。そうなれば取り組んでいることを常に発信していない企業は、「取り組んでいない」と見られる可能性もあり、その評価を大きく落とすことになります。ただし、実態と異なる見せかけだけの訴求はＮＧです。「グリーンウォッシュ」や「ＳＤＧｓウォッシュ」と呼ばれ、世界的にも問題視されています。例えば、ＳＤＧｓの17のゴールを記すアイコンを使用する企業サイトが多数あるなかで、実際の行動が伴っていなかったり、取り組みが単発で持続性がない場合など、不誠実なＳＤＧｓ訴求は情報の受け手に誤解を与えるだけでなく、課題解決への取り組みを遅らせ、炎上の原因ともなります。ＳＤＧｓに対する知識を深めた生活者は、企業活動の本質を見極め、正当な評価を下すレベルにまで達しており、上記のような不誠実な訴求表現は企業のレピュテーション（評判）を上げるどころか、ネガティブな指摘を集め、炎上にさえ至ります。

またメディアも、これら「ウォッシュ」な活動をすぐに見透かします。『ハフポスト日本版』泉谷由梨子編集長は、こうした状況について次のように指摘します。

「ニュースリリースのタイトルに『ＳＤＧｓ』をとりあえず入れておく企業も多いですが、あまり意味はないです。ジェンダー平等の観点でも『女性を応援します』と言いながら、商品やサービスを〝売りたい〟だけの企業はやはり目に付きますし、そういう付け焼き刃な企業はかえって悪目立ちしています。一方で、社会課題に本気で取り組み、その理念に基づいて積極的に情報発信している企業は、一貫性のある姿勢が感じられます」と述べています。

メディアも正しい情報を生活者に届けるよう、このように厳しい目で関連情報を眺めていることを忘れてはいけません。一方で、ウォッシュを警戒するあまり、情報発信に後ろ向きになる企業もあります。引いた姿勢がかえって悪目立ちすることもあるのでこれも要注意です。

正当な評価獲得に翻弄される企業

ＳＤＧｓに理解を示し、またＥＳＧ経営に力を入れ、持続可能な社会のために貢献しようとしている企業はもちろん多くあるでしょう。ただ、それに沿うような企業姿勢を見せても情報の不備や表現の曖昧さなど、ちょっとしたことで対応が不十分だと非難されてしまうこともあり、せっかくの取り組みがネガティブに捉えられてしまうのはもったいないことです。

ちなみに電通グループでは、dentsu japan サステナビリティ推進オフィスおよび電通「Team SDGs」のもと、２０２３年12月に「サステナビリティ・コミュニケーションガイド２０２３」を発行しており、その中では「表現がウォッシュ（うそ・ごまかし）になっていないか」をチェックする項目として、以下のことを挙げています。★4

「表現がウォッシュ（うそ・ごまかし）になっていないか」
（「サステナビリティ・コミュニケーションガイド2023」より）

・根拠がない、情報源が不確かな表現を避ける
・事実よりも誇張した表現を避ける
・言葉の意味が理解しにくいあいまいな表現を避ける
・事実と関係性の低いビジュアルを用いない
・製品、サービスの全体像との整合性がある
・条件付きの場合は、明確に示す
・耐久性や廃棄についての情報、ラベルを正しく付ける
・正しい選択をしてもらうために必要な情報を隠さない
・載せきれない情報にも簡単にアクセスできるように配慮する（QRコード、WEBサイトなど）

★4　「サステナビリティ・コミュニケーションガイド2023」（dentsu Japan サステナビリティ推進オフィス、電通 Team SDGs／2023年12月発行）
https://www.group.dentsu.com/jp/sustainability/pdf/sustainability-communication-guide2023.pdf

特にウォッシュは各国の法規制に抵触する可能性もあり、細心の注意を払う必要があります。英国では広告規制・監視団体である広告基準協議会（ASA：Advertising Standards Authority）が「地球にやさしい」ことを訴求した洗剤の広告について、メーカーに禁止命令を出しました。同製品の環境配慮には一定の理解を示しつつも、ライフサイクル全体において当該製品が他社比較し優れていることを裏付ける証拠や分析が不足していることがここでは指摘されました。

また、フランスで展開されたあるスポーツブランドのスニーカーに関する広告では、「50％リサイクル」「プラスチック廃棄物を終わらせる」というスローガンが採用されていました。これもスニーカー全体のリサイクル率は不明であり、廃棄されたスニーカーはリサイクルされず、後者の表現も主張できないとして「グリーンウォッシュ」と裁定されました。

特に環境マーケティングにおいては、欧米を中心に、このような不正確、不誠実なコミュニケーションによって生活者が不利益を被ることを防止する観点でかなり規制が厳しくなってきています。先のような「ウォッシュ」裁定を受けると、企業は莫大な準備費用をかけたコミュニケーションキャンペーンを中止せざるを得ない状況に陥るほか、消費者からの信頼を毀損してしまうこととなります。さらには海外では罰金を含めた罰則を盛り込む規制もあり、さまざまな角度から思いがけない規模のダメージを被ることとなります。意図せずということもあるでしょうし、このぐらいならたいしたことはないだろうと高をくくった結果、このような大きな代償を払うのは避けたいところです。

日本においても訴訟には至らぬものの、摘発案件は出てきていますし、特にグローバルに展開している企業においては国内で基準を満たしていると安心していても、海外でのルールには抵触してしまうというケースもあり、いずれにせよ最新事例のインプットや、ウォッシュになっていないかの確認は常に必要です。

ＳＤＧｓやＥＳＧに真摯に取り組み、サステナブルな社会を実現するために起こした行動が、このコミュニケーション段階のミスで誤解を招き、レピュテーションを損なうとしたら、悔やんでも悔やみきれません。重要なのは、それが本当のことであるかどうかです。あまりに当たり前のことですが、企業活動において少しでも優位に見せようとするがあまり、ついついその表現が大げさになってしまうこともあるかもしれません。しかしそれは生活者をミスリードするもので、許されることではなく、企業は常に前述のようなチェックをしながら、自社の活動報告が正当に受け止められるよう留意しておくことが重要です。それには企画実行からコミュニケーション活動に至るまでの各部門の担当者全員が、これらの視点を理解しておくことが必須といえるでしょう。このほか、「サステナビリティ・コミュニケーションガイド２０２３」には「違う部署の人にも見てもらう」「生活者からの指摘も丁寧に受け止め、より良いコミュニケーションにつなげる」など、取り組みをよき方向へ推進するための有用なアドバイスも掲載されています。

見逃せない反ESGの動きも

すべての企業が社会の期待に応えるべきとする一方、この潮流に逆行するような衝撃的な出来事もありました。2021年に、ESG経営を推進していたフランスのダノンのCEOが、業績不振を理由に解任されたのです。上場企業のトップが業績不振で株主から解任されるのは珍しくありませんが、このCEOはESG重視の経営を掲げる世界的なオピニオンリーダーであったため、その解任がより一層注目を集めました。特に当時はコロナ禍で社会全体が長期的で持続可能な成長を推奨している状況での解任で、あらためて「企業の目的は何か?」を考えさせられました。

海外では、収益拡大を優先する投資家からESG経営を疑問視する見方も依然として存在し、「反ESG」の動きも強まってきています。特に米国では共和党の影響力が強いフロリダ州で、2023年5月にESG投資を制限する「反ESG法」が成立しました。この法律は、バイデン大統領の環境政策に反対して、地方債の発行時にESG要素を考慮するといった取り決めを禁止するなど、ESGが政治的対立の材料ともなっています。また前述したグリーンウォッシュも、さらに反ESG感情に拍車をかけ、実際にESGへの投資額も減少に転じています。ESG投資の推進者とみられてきた資産運用会社大手ブラックロックのCEOは、「ESGという用語をもう使わない。環境重視の姿勢は変わらないが、ESGという言葉が米国で政治対立の象徴的存在となってしまったためだ」と述べています。[★5] いずれにせよ、反ＥＳＧという名指しの看板を掲げ、世界の潮流に逆行する動きが発生しているのは残念な事態と言え、今後もその成り行きを注視していく必要があります。

「何に取り組むか」より「なぜ必要なのか」

このような背景の影響か、企業のウェブサイトでは「サステナビリティ」という表記にシフトする傾向があります。あらためて「サステナビリティ（sustainability）」とは「持続可能性」の意ですが、環境や経済などに配慮し、社会全体を長期的に持続させていこうという考え方で、ＳＤＧｓやＥＳＧの推進は、企業の、社会の持続可能性に影響を与えるものです。

「何をなすべきか」を持続可能な17のゴールにして掲げたＳＤＧｓ、投資機関の判断基準の指標となっているＥＳＧ、それぞれにおいて目標やコンセプト、具体的アクションなど補完し合う部分も多々あります。これらを包括した「サステナビリティ」では、長期的な視点で「なぜそれが必要なのか」に着目しています。目標に対して具体的なアクションを実践するという目前の指針がありつつも、その進捗に一喜一憂したり、あるいは実践者それぞれのやり方を揶揄し

★5 米国で強まる反ＥＳＧ投資の動き／ＮＲＩ野村総合研究所／２０２３年８月
https://www.nri.com/jp/knowledge/blog/lst/2023/fis/kiuchi/0831

たりというトラブルにつまずくことなく、そもそもそれらに取り組む根源的な意味を再度問い直し、長い目で、より包括的に、より高いレイヤーで実現を目指して行こうというのが企業のこれからのスタンスです。

では実際に組織の広報・PRの担当者は、このサステナビリティをこれからどのように扱っていけばよいのでしょうか？　それは、地道に現行活動の足下を固めるということです。例えば、SDGsであれば、どの目標に特に注力しているのか、ESGであれば、どの領域で成果を上げているのかを広報・PRの担当者がまずはきちんと理解し、その進捗状況を常に把握しておくことが前提となります。〝先の見えない未来〟が叫ばれるなか、あらためてSDGsやESG取り組みのその先にある目的を達成すべく、パンデミック対応におけるBCP、気候変動や生物多様性、注目度が高まる人的資本など、各社が持続可能性を高めていくことが重要です。さらに事業継続によりどのような社会的インパクトを生み出せるのかをしっかり見据え、宣言し、継続して実践していくことが必要です。

また自社が生み出すインパクトをしっかりと算出し、成果や課題も含めて実態と進捗状況をオープンに明示・共有していくこと。その上でさらに大切なのは、単にこれらのフレームワークや用語にとらわれず、「なぜその取り組みを行っているのか」「誰に対して、どのように取り組んでいるのか」を社会に対して説明し、理解を得ることです。そして、これらの活動理由を探すに当たり、昨今言われる社会的存在意義（パーパス）の確認も有効です。そのためにも、自分たちに何を期待されているのか、社会からの声を拾うことも大切です。具体的な活動に注力しつつも、ターゲットオーディエンスが理解しやすい形でこれらを伝え、またその反応を把握する能力はこれからより一層求められます。人知れず善行に取り組み、うまくいったら事後アピールするのではなく、有言実行のスタンスと合間合間での社会との対話を通じて、外部からの評価を拾い、受け止めること。それを経てこそ、社会および生活者の併走者・仲間として認められ、自社に対するエンゲージメントが獲得できるのです。

企業と社会のサステナビリティを目指すパブリックリレーションズ活動を

また、わかりやすく伝えることの重要性は一見当たり前に聞こえますが、顧客と従業員では伝え方も全く異なりますし、また同じ顧客であってもBtoB企業とBtoC企業では伝え方が異なります。さらに言えば、BtoB企業にとっては取引先のまたその先にいる生活者へのアプローチも視野に入れる必要があります。なぜなら、BtoB企業は直接生活者とは取引しないもののの、彼らが提供する製品やサービスは最終的に生活者に大きな影響を及ぼし、回り回ってその企業の考え・姿勢がブランドの信頼性や評判に影響するからです。これはビジネスの成功だけでなく、企業の存在意義を社会に広く示し、社会からの存在意義評価、エンゲージメント向上にもつながるチャンスなのです。

しかし企業が社会に対してどれだけ多くの良き取り組みをしたとしても、それがきちんと正しく伝わらなければ宝の持ち腐れではないでしょうか。「聞かれたら言う」というスタンスでは、やっていないことと同じととられかねません。また説明が足りなければ本質が伝わらず、逆に誤解され誤った情報によるネガティブな印象が持たれてしまうかもしれません。これからはより一層、企業がどのような価値を提供しているのか、その意義と効果を明確かつわかりやすく発信していく。そういうオープンな姿勢が、ステークホルダーを含むパブリックとの信頼構築に必須であり、欠かせない活動となるでしょう。

現在、多くの企業がＳＤＧｓ（持続可能な開発目標）とＥＳＧ（環境・社会・ガバナンス）経営に積極的に取り組んでいるのは間違いありません。これまではＳＤＧｓの目標項目やＥＳＧの指標に従うことが中心でしたが、今後は各社の姿勢を反映させたより実質的なアクションでインパクトを出すことが求められる時代です。企業活動の透明性を高め、説明責任を果たすことは、社会からの要求でもあり、ことこれらの新たな取り組みについては生活者からの注目が集まっています。これを機会に、自社がサステナビリティに取り組む意味とは何であるのかをあらためて考え、企業理念やパーパスと連動させ、具体的なアクションを設定し、その進捗状況や成果を正しく発信していく、こうした一連の活動設計を見直してみると良いでしょう。サステナビリティに取り組む企業の本気度が、今注視されています。

Interview

「世界を素《もと》から変えていく」三井化学の矜持と覚悟

近年、多くの企業が取り組みを強化しているSDGsとESG経営。しかし企業活動の実態が伴わなければ、グリーンウォッシュやSDGsウォッシュとして非難され、企業のレピュテーションを下げてしまうことにもなりかねません。第4章では、企業がその本気度を示すことの重要性と、さらにその活動がさまざまなステークホルダーに適切に伝わっているかどうかにも注力していく必要性を述べています。

ここでは、「化学の力で社会課題に取り組む」というアプローチを実直に体現し、業界に先駆けて「脱プラから改プラ」でリジェネラティブ（再生的）な社会の実現を目指す三井化学の取り組みを紹介します。

2022年4月に三井化学は、カーボンニュートラル、サーキュラーエコノミー社会の実現に向け、「世界を素から変えていく」をキーメッセージに、「BePLAYER®（ビープレイヤー）」と「RePLAYER®（リプレイヤー）」の2つの新ブランドを立ち上げました。スタートから2年目となるタイミングで、どのような成果があったのか、また今後に向けた取り組みや方向性など、新ブランド立ち上げを進めてこられたグリーンケミカル事業推進室ビジネス・ディベロップメントグループリーダーの松永有理さんにお話を伺いました。

松永有理《まつながゆうり》 氏
三井化学株式会社 グリーンケミカル事業推進室
ビジネス・ディベロップメントグループリーダー

2002年三井化学入社。食品パッケージなどの素材であるポリオレフィン樹脂の営業・マーケティング、IR・広報、ESG推進室を経て、2023年6月よりグリーンケミカル事業推進室。2015年に組織横断的オープンラボラトリー「そざいの魅力ラボ(MOLp®)」を設立、BtoB企業における新しいブランディング・PRの形を実践している。PRSJ認定PRプランナー。MOLp®の活動を通して2018年グッドデザイン賞ベスト100、2018トレたま年間大賞(テレビ東京WBS)、Japan Branding Awards2021「Rising Stars」賞受賞。

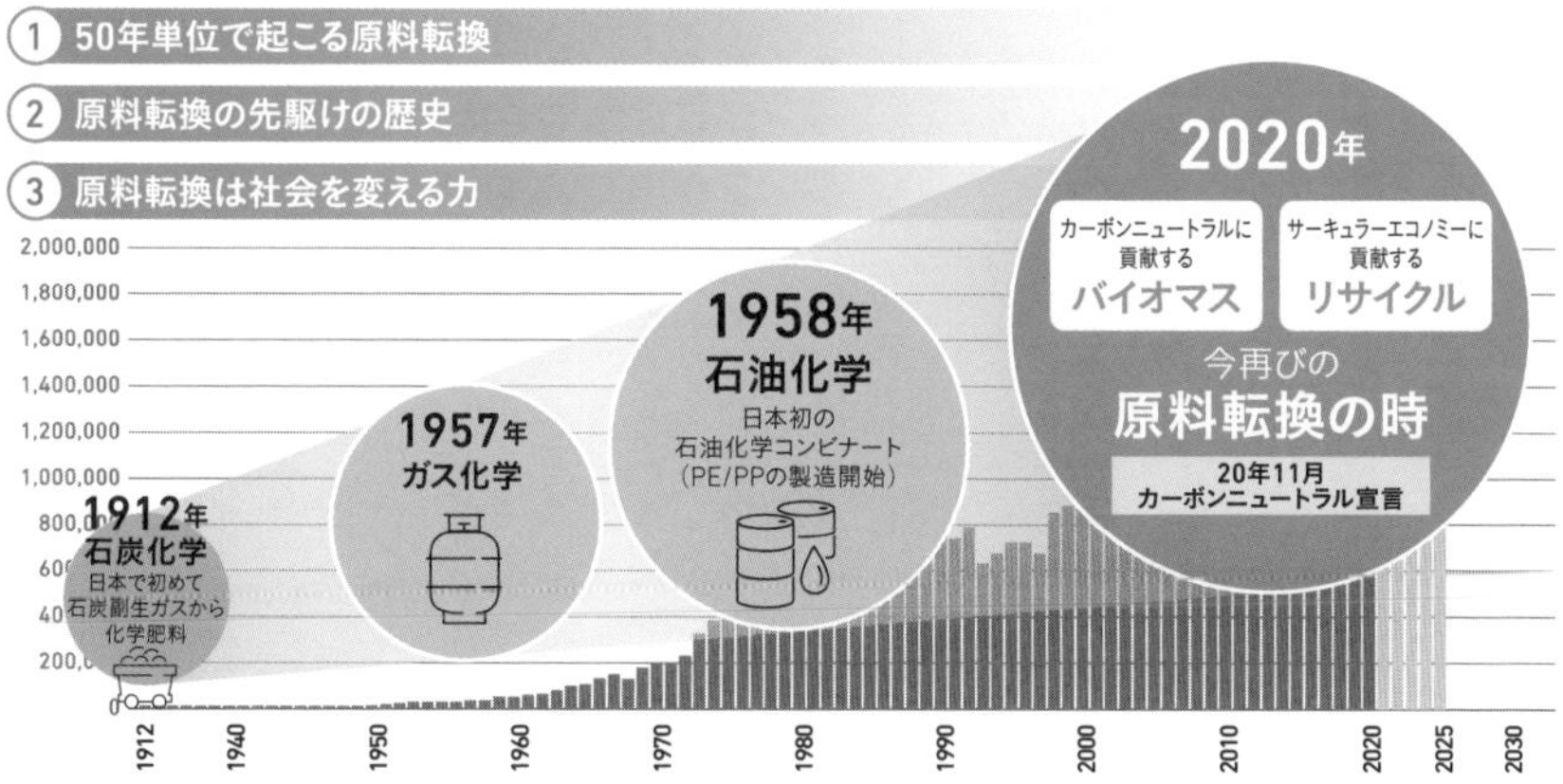

三井化学における原料転換の歴史

なぜ脱プラではなく改プラなのか

――「BePLAYER®」と「RePLAYER®」の2つのブランドを立ち上げた理由を教えてください

三井化学の歴史は原料転換の歴史でもあります。1912年、石炭副生ガスから化学肥料をつくり出したことを皮切りに化学品事業を拡大してきました。その後1957年には天然ガス、1958年には石油ナフサを原料とした化学事業へと転換。そして現在はカーボンニュートラル・サーキュラーエコノミー社会の実現に向けてバイオマス原料やリサイクル原料の活用という原料転換の時と言えます。コンビニのレジ袋は有料化されて、カフェのストローは紙になり、ゴミ問題などさまざまな環境問題を背景に、社会で脱プラが進んでいます。しかしプラスチックは便利で使いやすく、暮らしに溶け込んでおり、あらゆる産業に関わっていて、完全になくすことはできません。脱プラには、必ず限界が来る、その時に向けた新しい考え方が必要です。そこで、脱プラではなくプラスチックを素から変えていこうと今われわれは「改プラ」に取り組んでいます。具体的には、従来の化石資源を原料としたものづくりからバイオマス由来の原料に変えていくことでカーボンニュートラルを目指すものが「BePLAYER®」であり、そして廃プラを資源と捉えてリサイクルでサーキュラーエコノミーの実現を目指すものが「RePLAYER®」です。コミュニケーションとしてわかりやすく理解いただくために、ブランドムービーやウェブサイトで紹介しています。

――**「脱プラ」という言葉はこれまでもよく聞きますが、「改プラ」はあまり聞きません。世界を素《もと》から変えていくという「BePLAYER®」と「RePLAYER®」についてもう少し詳しく教えて下さい。**

「改プラ」は私たちの造語なので、聞くことはないとは思いますが、なんとなくもともとあった言葉のように捉えてもらえているのはうれしいです。

「BePLAYER®」は、温暖化問題の解決のために、社会のバイオマス化を進める取り組みで、例えば使用済みの食用油などからつくられたバイオマスナフサを原料に、プラスチック素材を生み出しています。そもそもナフサ（粗製ガソリン）とは原油からガソリンを精製するときに出てくる副産物で、私たちの身の回りにあるプラスチックの多くは、この石油由来のナフサに含まれる炭素原子（C）と水素原子（H）からできています。この炭素と水素を石油由来ではなく再生可能なバイオマス（植物など生物由来の有機性資源）由来のものに転換していこうという考えです。

欧州ではこのような取り組みは先行して進んでいます。日本でも2019年5月にプラス

「BePLAYER®」と「RePLAYER®」を紹介するブランドムービー
https://www.youtube.com/watch?v=tVf9Fj26rTA

チック資源循環戦略が策定され、プラスチックの3R（リデュース、リユース、リサイクル）を強化すると共に、リニューアブル原料（再生可能資源）の活用が明記されました。また、2021年にはバイオプラスチック導入ロードマップが示され、2030年までに「バイオマスプラスチックを約200万トン導入」という大きな目標が国から示されています。200万トンという数字は、日本の2020年のプラスチック生産量（約963万トン）の約20％を占めることになります。2021年の日本のバイオプラスチック（バイオマスプラ＋生分解性プラ）需要は9万トン程度（1％弱）であることから、これは非常に高い目標です。これまでのバイオマスプラスチックは石油品と物性が異なるため切り替えることには高いハードルがありました。しかし原子の由来を見直す原料（バイオマスナフサ）からのバイオマス化は、石油由来のプラスチックと物性が全く同等であるため、今のプラスチック製品と物性的に何ら影響を与えることなく切り替え・バイオマス化が可能です。カーボンニュートラル社会に向けて、「素材の素材から」見直していくことが実現への重要なアプローチになります。

「RePLAYER®」は、廃プラスチックなどの廃棄物を資源として再利用することで、サーキュラーエコノミーの実現を目指す取り組みです。そこで重要になるのは、リサイクルが前提の製品設計や循環システムを構築していくこと、リサイクルの仕組みとリサイクルの技術を確立していくことです。これも簡単なことではありません。自社だけで完結するものではなく、われわれ素材メーカーから消費者につながるサプライチェーン全体で取り組んでいかなければなりません。加工メーカー、消費財メーカー、流通、生活者や自治体などすべてのステークホルダーの協力なしに実現することはできません。

バイオマスとリサイクルのソリューションを見える化し、社会実装へ

――その2年目となる取り組みはどのように考えていますか？　また、世の中にどう周知させていこうとしていますか。

今私がいるのはグリーンケミカル事業推進室という部署で、バイオマスとリサイクルのソ

リューションを社会実装していくことが目的です。そのためのコミュニケーションとして「BePLAYER®」と「RePLAYER®」という記号を使ってソリューションの見える化を推進しています。バイオマスとリサイクルという、いわば原子に物語性を持たせたコミュニケーションであり、複数の製品に共通の物語性を付与する成分ブランディングのような位置づけにしています。

――「脱プラ」に代わる選択肢をテーマにしたオンラインセミナーなどでは参加者も多く集まっていますね。

はい、おかげさまで。先日も海外の取り組み事例の紹介のセミナーを企画すると、各回1000人以上が集まりました。さまざまな業界の方々、教育機関、学生の方と幅広い層の人たちに参加いただきました。当日、参加者から多くの質問をいただき、少しずつ改プラという考え方に興味関心を持ってくださる方が増えてきているのかなと感じています。

――関心の高さはブランドムービーでも、オウンドメディアのみの展開で8・2万回視聴。この数字は高いと思いますが、その他にも何か手応えや成果はありますか？

動画やウェブサイトを多くの方に見ていただいているのはありがたいことです。また、バイオマス由来の素材の採用も徐々に増えてきています。例えば、建築家の隈研吾さんがデザインした食器にバイオマス素材を使っていただけたり、日用品であるマグカップや玩具、食品パッケージなどさまざまな用途で採用され始めています。またシェアリングサービスMegloo（メグルー）という、テイクアウト時の使い捨てごみを削減するためのリユース容器にもバイオマス素材を採用いただいています。

環境への関心の深化という点でもＬＣＡ（ライフサイクルアセスメント）で科学的に環境価値を評価するお客さまも増えてきており、例えばプラスチックストローよりも環境負荷が大きくなってしまう紙ストローからバイオマスプラスチックのストローに変える企業も出てきたりしています。そうした科学的なアプローチで環境影響評価がきちんとなされるようになってきたこともわれわれの活動への理解促進につながります。

――Ｂ to Ｂ企業であっても昨今はテレビＣＭでもよく見るように、その先の生活者まで企業の魅力やその取り組みを伝えています。生活者へのコミュニケーションはブランドムービーの他にはどんなことを考えていますか？

現時点では消費者への直接のアプローチは考えていませんが、われわれの取り組みに賛同いただけるようなＢ to Ｃ企業さんとコラボして、「世界を素から変えていこう」というメッセージが反映されるような商品だったり、ショップ運営だったりとそんな企画が実現できたらと考えています。コミュニケーションの幅を広げることで、生活者との距離が近づくのではないかと思います。われわれは例えば廃食油などからプラスチックをつくり出しているのですが、自分が料理した後の廃食油がプラスチックの原料として生まれ変わり、今度はキッチン用品としてまた自分の家に帰ってくる、そんな物語のサイクルが見える化できたらと。そうすると毎日の

隈研吾氏デザインのテーブルウェア「les trois collection」にバイオマス樹脂を配合した新素材を採用。

D&DEPARTMENT PROJECTと「Long Life Plastic Project 2023」を推進。マスバランス方式によるバイオマスポリプロピレン100%のプラマグが発売された（ロングライフデザインの概念を推奨するデザイナー ナガオカケンメイ氏との取り組み）。

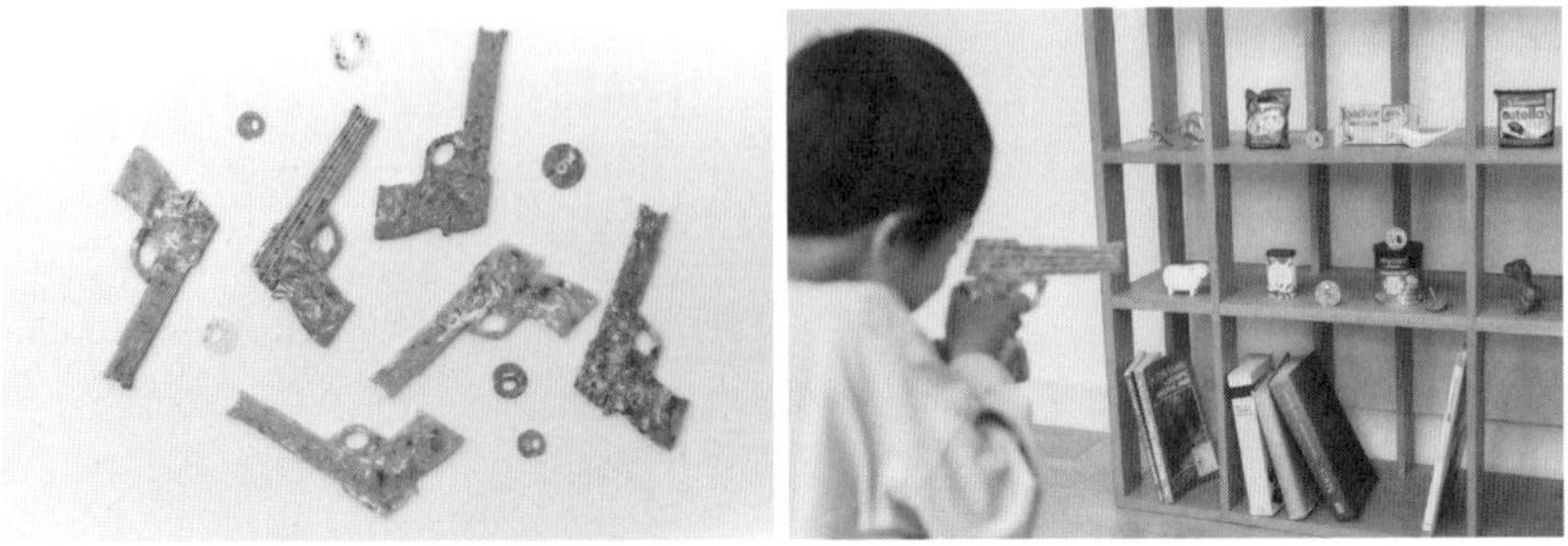

アッシュコンセプトのプロダクトブランド+dの「Peace Gun」（輪ゴムの玩具）にバイオマス原料の素材が採用。

テイクアウト時の使い捨てごみを削減する、リユース容器シェアリングサービス Megloo（メグルー）の容器に採用。

料理がより楽しくなってくると思いますし、そんな家庭の姿を想像するとほんわかします。決して無理をするわけではなく、それこそ自然に生活することで地球の未来をより良くリジェネラティブ（再生的）にする。そんなライフスタイルを今後描けたらいいですね。

社会全体でバイオマス度を高めていく

――課題や今後に向けて

環境問題に関心を示し、志の高い人は確実に増えてきていると思いますが、それでも社会をよくすることより、コストが高くなることを敬遠する人のほうが多いのが現状かと思います。エシカルな生活者だけに環境や社会に良いものを選んでもらうのでは、カーボンニュートラルは実現しません。社会全体でバイオマス度を高めていかなければならないのです。いつも買っている洗剤の容器やお菓子のパッケージなど日々の暮らしの中で使うプラスチックが、いつの間にかバイオマスに変わっていて、それが当たり前な状態になっているのが理想です。そのためにはさまざまな企業の同じ志を持つ方と一緒になって世の中のバイオマス化を加速していきたい。石炭から石油へと原料転換してきたように今度は石油からバイオマスやリサイクルへと、そんな社会を早く実現させたいと思っています。

インタビューを終えて

――「BePLAYER®」は通常のプラスチックよりも値段が高い。でもその分、志も高い。
――「RePLAYER®」は社会実装までの課題は大きい。でもその分、未来への貢献も大きい。

ブランドムービーでは、このようなメッセージが発信されています。

「世界を素から変えていく、それは社会のバイオマス度やリサイクル率を高め、リジェネラティブなライフスタイルに近づけること」と語る松永氏は、インタビューの終わりに「たとえ競合他社であっても志を同じくする人たちと共に社会を巻き込んだアプローチでバイオマス化やリサイクルをどんどん押し進めていきたい。カーボンニュートラルとサーキュラーエコノミー実現に向けた取り組みが加速されることは社会にとって良いことなのだから」とも述べていました。

世界的に知名度のある建築家、隈研吾氏や、ロングライフデザインを推奨するD&DEPARTMENT PROJECTのナガオカケンメイ氏との取り組みは、すでにBtoCメディアにも広がっており、今後はさらに社会を巻き込むアプローチが重要になるでしょう。

一方、社外への発信だけでなく社内浸透にも余念がないことを最後に特筆しておきたいと思います。社内ではこういったＥＳＧに関する取り組みも日ごろから気軽に共有される仕組みがあり、「ESG Link Caféワンポイントレッスン」として、短時間でわかりやすく参加できる対話型オンラインイベントが行われています。イベント後にはフリートークでＥＳＧをテーマにした社内コミュニケーションの場としても活用されているとのこと。２０２０年からオンラインで定期的に開催され、多忙な社員でも気軽に参加できるようになっています。

化学を生業として１１０年。今また時代のファーストムーバーとなる三井化学の矜持と覚悟が伺えました。

（聞き手：電通ＰＲコンサルティング 中川郁代）

第5章

ESGコンシャスな時代のレピュテーショナルリスクの管理

ある日、突然企業・団体に降りかかる「クライシス」。事件、事故、不正、環境への取り組み、人権や働き方に対する配慮の不足等々、その形はさまざまです。

一方、テクノロジーの進化によって、事業活動はもちろん、コミュニケーションを取り巻く環境も日々急速に変化しています。

インテグリティ（誠実さ）が求められる企業の経営にとって、社会環境の変化に対応しつつ、自社にまつわるイシューやクライシスに対して真摯に向き合い、誠実に対応することは、最重要の事柄と言えるでしょう。

本章ではＥＳＧコンシャスな時代、各種テクノロジーの進化によって企業の危機管理広報にどのような影響がもたらされたか、近年の複雑化するリスクの傾向や、これに対して組織やトップ（リーダー）が臨むべき姿勢について述べたいと思います。

経営のデジタライゼーション

テクノロジーの進化は常に企業と社会との結びつきに変化をもたらします。生活者の情報消費のスタイルは変わり、企業や組織の情報発信の手法にも選択肢が増えました。また、企業は販路拡大をはじめ、購入者との接点を増やすことが可能になったほか、仕事の効率化やよりよい調達先の選定にも役立ち、競争力強化の面でもデジタライゼーションやそれに合わせたワークスタイルの進化は不可欠になっています。

一方でこの大きな変化は、企業により高度な危機管理を求めます。イスラエルのチェック・ポイント・ソフトウェア・テクノロジーズ社が２０２３年９月に発表した「サイバー攻撃トレンド ２０２３年中間レポート」によると、２０２３年上半期、日本における1組織あたりの週平均サイバー攻撃数は１１１９件を記録し、この数字は前年同期比で６％の増加となりました。[★1] 自社で保有する顧客の個人情報はもちろん、社外との接点を有し、場合によってはリアルタイムの情報共有を行っているシステム、社員が持ち歩く各種デバイス等、さまざまな場面での情報セキュリティ対策を講じなければなりません。しかも、自社だけではなく取引先にも同様の対策が求められるなど、サプライチェーン全体での対応が必須となっています。デジタル化によって世の中との接点が多様化した今日、社内および取引先の情報管理のみならず、生活者等から発信、流布された自社に関連する情報も注意深くモニターし、対応することが迫られています。

★1 Check Point® Software Technologies Ltd. 2023 Mid-Year Security Report

なかでも企業のレピュテーションを棄損するものとして、フェイクニュースがあります。情

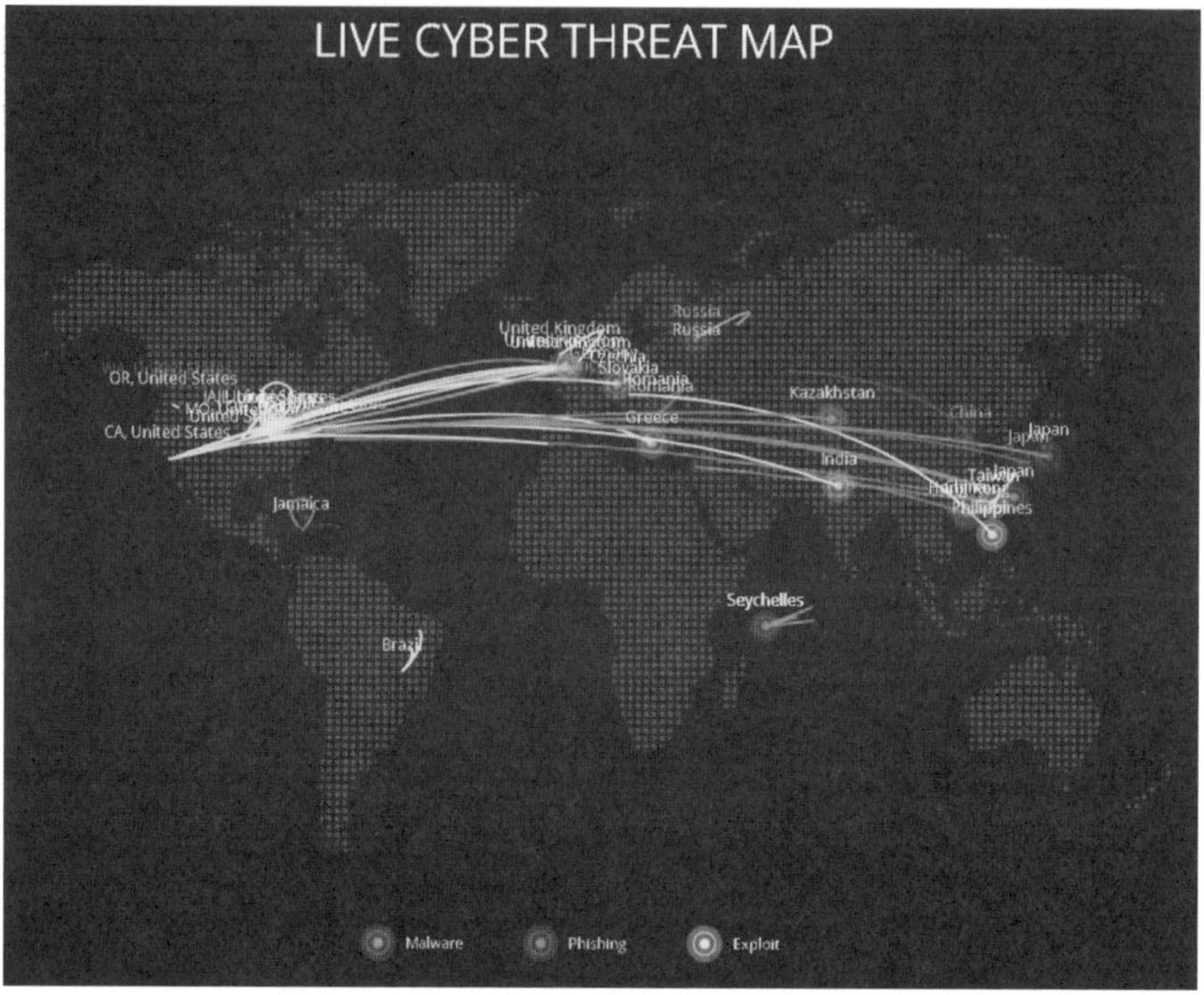

毎日、世界のあらゆる場所で、マルウェア、フィッシング、エクスプロイトを利用したサイバー攻撃が続いており、企業・組織は常にその脅威にさらされている。
出典：チェック・ポイント・ソフトウェア・テクノロジーズ　https://threatmap.checkpoint.com/

報の目新しさや面白さ、発信者が信じたい情報が発信され、結果的に事実とは異なる情報が広く拡散する事態も起きています。また、例えばある企業のリーダーが実際には言っていないことを、あたかも発言したかのように見せる「ニセ動画（ディープフェイク）」や、起きていない災害の「映像」が出回るなど、ＡＩを駆使し、悪意をもって制作された情報も目にするようになりました。フェイクニュースとまではいかないまでも、単純な誤りや、正しい情報であっても部分的に切り取られ、受け手をミスリードするような発信も見られます。このような背景の中、２０２４年１月に世界経済フォーラムが発表した「グローバルリスク報告書」では、短期的リスクのトップに「誤報と偽情報」が挙げられています。

これらは売上や株価にダメージを与えうる「脅威」として、専門家による研究が進んでいますが、わが国では総務省が「インターネットとの向き合い方　ニセ・誤情報に騙されないために」[★2]として、一般への啓発活動を行っています。それによれば、

・ミスインフォメーション（誤情報）＝勘違い／誤解により拡散した間違い情報
・マルインフォメーション（悪意ある情報）＝情報自体は正しいが、誰か（何か）を攻撃する目的で共有された情報

★2　総務省「インターネットとの向き合い方　ニセ・誤情報に騙されないために」
https://www.soumu.go.jp/main_content/000823101.pdf

これら2つの中間に位置するものとして

・ディスインフォメーション（ニセ情報）＝意図的／意識的につくられたウソ、虚偽の情報

と3つに分類して紹介されています。

研究者はディスインフォメーションが脅威を与える領域として、「国家安全保障」「民主主義」「公衆の安全」「公衆の衛生」とともに「経済」を挙げています。ニセ情報を信じた生活者らにより、これが拡散し炎上するような事態は、企業にとって経済的な「脅威」であるだけではなく、レピュテーショナルリスクともなります。

フィルターバブル[★3]やエコーチェンバー[★4]など、デジタル化が進んだ世の中だからこそ、偏った情報に接する機会も増え、真偽を確認せずにニセ情報を拡散し、炎上が起きやすくなっています。ソーシャルメディアは、ときに企業に向けられた批判の起点にもなりえるのです。企業は情報収集のためにアンテナを張り続ける一方で、フェイクニュースが流された場合、瞬時に対応できるよう準備が必要です。

ソーシャルメディアが企業リスクに与えた影響

誰もがソーシャルメディアで情報を発信する時代、企業の内部の不満や不祥事もすぐさま

狭 ↕ 露出範囲 ↕ 広

炎上フェーズ	判断状況
ネットで話題 「話題まとめ」フェーズ	・平常時と比べて、企業／団体に関するSNS投稿が急増している。 ・炎上系インフルエンサーが話題を取り上げ始める。 ・実況系まとめサイト※に話題がまとめられる。 ※主に個人向けHPで情報をまとめるサイト。速報性が高い一方、情報源の信頼性や権利処理などの問題点あり。
ニュースに露出 「発展拡散」フェーズ	・複数のインフルエンサーや著名人が話題に言及 ・主要なWeb専業ニュースメディアで報道される ・影響力の高い既存まとめサイトに話題がまとめられる ・メディア記者から企業／団体に問い合わせが入る
マスにも波及 「社会報道」フェーズ	・テレビを含め、複数のマスメディアによる報道がなされる ・不買行動やデモ、株価への影響など現実的なダメージの発生が懸念される状況

図1 SNS炎上の段階

ソーシャルメディアで拡散される時代となりました。ハラスメントを受けた社員や関係者がX（旧Twitter）でその不満を発信したり、不祥事に関する口止めを命じる会社側のメールが漏洩したりと、デジタル情報のコントロールは困難となっています。その一方、特定の層に向けたメッセージが、意図せずに別の属性の層からの反発を招き、短期間に批判や非難が集中する「炎上」といった事態に直面する結果となることもあります。社外のみならず従業員の個人アカウントによる不祥事の告発や、関係者による不適切行為の動画など、ソー

★3　アルゴリズムがネット利用者個人の検索履歴やクリック履歴を分析し学習することで、個々のユーザーにとっては望むと望まざるとにかかわらず見たい情報が優先的に表示され、利用者の観点に合わない情報からは隔離され、自身の考え方や価値観の「バブル（泡）」の中に孤立するという情報環境を指す（総務省「令和元年版情報通信白書　インターネット上での情報流通の特徴と言われているもの」）。

★4　ソーシャルメディアを利用する際、自分と似た興味関心を持つユーザーをフォローする結果、意見をSNSで発信すると自分と似た意見が返ってくるという状況を、閉じた小部屋で音が反響する物理現象にたとえたもの（同右）。

シャルメディアがリスクの起点となることも非常に多くなりました。また本書の第1章で説明していますが、プロモーションや広報活動の一環として発信した内容にステレオタイプな表現があり、批判を受けるリスクもあります。またこれらの批判は一部のユーザーにとどまることなく、インフルエンサーの関与によって情報が拡散され、企業が対策を講じる前にネット世論が形成されてしまうケースもあります（図1）。

企業にとっては「発信する情報が誰かを傷つけたり、不快にする表現はないか」等を誠実に複数の目でチェックし、万一批判を受けた場合に早期の対応が可能なためにも、世の中の声に対するアンテナを常に張っておくことが肝要です。

不祥事を起こした企業の謝罪会見についてもインターネット中継されることが増え、従来のメディアだけのクローズドな場からオープンなものに様変わりしました。それにより、質問する記者への注目も集まることから、いわゆる〝荒れる会見〟は減り、加工されない一次情報が届けられることと相まって生活者に正確な情報が伝わりやすくなりました。その一方で、会見での発言内容に矛盾があればすぐにソーシャルメディア等に書き込まれ、会見場にいながらそれを見た記者がその場で質問するなど、企業側も即時の対応が必要な状況になっています。★5

近年のリスク傾向1

複雑化・多様化するリスク

近年、サイバーセキュリティに対する脅威が散見されるようになりました。多くのことが一台のスマートフォンで実行可能になったことで、インターネットでの購買行動や取引の決済などが時や場を選ばずに行われています。その結果、通信障害やシステムトラブルは人々の暮らしに直接影響し、規模や復旧に要する時間によっては極めて大きな損害を与えかねないものとなりました。加えて、ランサムウェアをはじめとする悪意を持って企業のシステムにアクセスし、その稼働を妨害したり、企業が保有する個人情報や機密情報を盗み出していわゆる「身代金」を要求するサイバー攻撃も多発するようになりました。中には不正なアクセスがあったことに気づかないケースも多く存在します。さらに前述のようにＡＩの発達はフェイク画像・動画・音声の生成を容易にし、それを拡散させる危険性を高めたほか、ＡＩ学習に伴う知的財産権の問題や情報流出の懸念も指摘されています。もちろん、産地偽装やメーカーの検査不正など、コンプライアンスに端を発した不祥事も起きていますが、近年は人種や国籍、性など人権や差別に関する意識が全世界的に高まっていることを受け、これらに対する配慮を欠いた企業の商品、サービスやコミュニケーションに寄せられる批判が増加傾向にあるように見受けます（**図2**）。

★5　大森朝日「近年の記者会見の運営の変化と課題　コロナ禍が及ぼした影響」
https://www.jstage.jst.go.jp/article/crmsj/29/0/29_23/_pdf

サイバーセキュリティ
相次ぐランサムウェア被害／サイバー攻撃
通信・システム障害による影響
AI技術を用いた精巧な偽情報の流布

労働問題（ハラスメントなど）
トップによるハラスメント問題
長時間労働や労災問題
人材流出

グローバルリスク（経済安保含む）
政情不安定地域でのビジネスリスク
戦争・紛争地域における社会の分断、企業による意思表示・経営判断
気候変動による自然災害

差別・価値観をめぐるリスク
SNSでの誹謗中傷
多文化共生・異文化との摩擦に伴う差別
性加害・性差別問題

コンプライアンス・ガバナンス
法令違反・品質不正・不正請求・受給問題
複雑化する知的財産権・著作権問題
機密情報の持ち出し

ステークホルダーの反対運動
グリーンウォッシュ等の抗議行動
事業における現地ステークホルダーとの関係
従業員によるストライキ

図2 近年のリスク例

近年のリスク傾向2
意思表示を求められる企業

今日、企業は、社会の趨勢と投資を鑑みて、ＥＳＧへの取り組みを強化しています。社会全体が企業による社会課題解決の取り組みに期待するようになった結果、企業にとって政治的な意思表示をせずにニュートラルな立場を貫くことは、時に、リスク要因の一つになる可能性があります。

以前であれば、リスクマネジメントの観点からは、自社に直接関係のない人権問題などのデリケートなテーマに対しては、あえて火中の栗を拾わないことが賢明との見解もありました。しかし昨今海外では、人権問題などに対する明確な意思・姿勢を提示する企業が増えてきています。日本企業であっても、グローバルにビジネスを展開しているのであれば、自らの政治的立場を明らかにせざるを得ない状況は常にあります。特定のイシューに対し、ノーコメントやニュートラルな立場を貫き通すこ

とが、それらを擁護していると解釈されることもあり、国際的に大きな批判を浴びるケースも出てきました。人権問題は、ある種の政治問題や国際紛争を背景とする場合が多く、企業としては踏み込んだ発言は難しい性格を持つのも事実です。しかし、ソーシャルメディアが強い力を持った現在では、公へのコメントをしないことがむしろ、商品ボイコットなどにつながり、経営リスクとなるケースがありうるのです。企業は自らの意見や方針を表明せざるを得ない状況に置かれた際、

①表明する意見や方針が自社のパーパスに沿っているか
②表明する意見や方針は、自社がこれまでに取った行動と齟齬《そご》はないか
（行動が伴わないと〝ウォッシュ〟との批判も）

などの視点からチェックする必要があるでしょう。

ただし、米国でビジネスを展開する企業は、現在特に留意しておかなければならない点があります。国際政治学者イアン・ブレマーが率いるユーラシア・グループが2024年1月に発表した『2024年の10大リスク』では、米国内の分極化が第1位に挙げられています。これは、大統領選挙前から党派による国内市場の分断が進行していることを示しています。第4章で述べたように、世界の潮流に対して反ESGの動きも目立ってきており、特に米国市場における企業の意思表示は当面慎重さが求められます。

企業によるリスクへの対応1

企業が臨むべき姿勢、あるべき姿勢

リスクに対する感度を高めなければならない中、企業は何をするべきなのでしょうか。不祥事の背景には、品質よりも納品期日や利益を最優先する企業風土や経営者・従業員のコンプライアンス意識不足、隠蔽や不正黙認につながるような組織内コミュニケーションの問題などさまざまなものがありますが、いずれにしてもリスクに対する意識が緩んでいることが少なくありません。そのためにもリスクに対する「感度」を組織全体で高めることが重要となります。

この点を少し具体的に考えてみましょう。

①組織の内外を問わず、リスクの情報を早期に把握できる仕組みづくり

円滑なコミュニケーションが可能な環境を整備すること、と言い換えることもできます。クライシス発生時に最も重要なのは「初動対応」です。初動が遅れれば遅れるほど事態は重篤化、深刻化し、企業のレピュテーション低下につながります。緊急時には早期に、平常時には小さな違和感を覚えた時点で、それを共有し、対応が可能な環境を実現しておくことが望まれます。

②リスクの洗い出しとルールや体制の整備

クライシスが発生した後に「事故が起きる可能性はゼロでないと感じていた」と振り返ることがないよう、平常時から最悪のケースを想定し、自社をめぐるリスクとして何が考えられるか、社を挙げて洗い出しを行い、リスク発生の頻度と被害を極力最小化するためのルールや、危機発生時に迅速に意思決定ができる体制を整備しておくことも大切です。特に、多様な価値観を持つオーディエンスに対応するためには、クライシスに対応する社内チームも多様な背景をもったチームで編成すべきでしょう。

③役員・従業員の意識啓発

環境やルールを整備しても、それを運用するのは経営者や従業員です。自社が持続的に成長し、社会に貢献する存在であり続けるために、よい商品やサービスを提供することと同様、各人がリスクに対して真摯に向き合い、ルール順守の大切さを認識し、高いレベルで維持することが重要です。リスクの芽を可能な限り早期に発見、共有できる環境づくりと、避難訓練と同様に定期的な訓練を行って、「いざ」という時の手順を確認しておくことが効果的です。

情報が一瞬で拡散する現代において、初動対応の遅れはその後の致命的なレピュテーションの低下を招きかねません。またリスクへの対策を組織全体でとっていることで、会社としての自浄能力や誠実さを強化することにもつながります。

企業によるリスクへの対応2

リーダーが持つべき視点

ここで重要になってくるのがリーダーのあり方です。近年、日本においても経営者や管理職に求められる資質として「インテグリティ（integrity）」が注目されています。インテグリティとは「誠実」「真摯」「高潔」などの概念を意味する言葉ですが、トップ自らが誠実であることを率先して振る舞い取り組むことで、組織・従業員に良い影響を与え、リスクにつながる要素を減らしていけます。

この点についても、少し具体的に例示します。

①率先垂範

リスクの洗い出しやルールの遵守、クライシス発生時の情報共有等、予防や早期の初動実現の重要性を理解し、自ら率先して誠実に取り組み、役員・従業員をリードすることが求められます。

②傾聴

企業としての取り組みは、トップだけの力では成し遂げることができません。組織内の各人がリスクに対する意識を共有し、その回避やダメージの最小化に向けて上下の別なく意見を述べ合える環境づくりを目指して、トップが従業員に意見を求め、誠実に自らの考えを示すことも重要です。

企業によるリスクへの対応3

ミスを責めない文化

また、リスクが発生したときの行動で参考になるのが、「ジャストカルチャー（公正な文化）」という、航空業界や医療機関、原子力発電所といった一つの失敗が人命・事故に関わる組織に根付いている文化です。ここでのポイントは、ミスの原因の矛先を個人に向けるのではなく、なぜそのような事態が起きたのか組織として原因究明をし、再発防止を図ることです。個人に責任を負わせる文化がある組織では、メンバーが小さなミスであっても隠してしまい、結果的に大きなミスにつながる危険があります。

「ジャストカルチャー」は、組織としてヒューマン・エラーそのものを責めることよりも、エラーが起きた原因と、どうすれば再発を防げるか、の「学び」を得ることと、世の中に対する説明責任を果たすことに重点を置く考え方と言えます。いわば、失敗を繰り返さないために、失敗を許容し、そこから学ぶことを優先するという考え方で、これを踏まえて危機管理広報を捉えた場合、自社はもちろん、他社の事例からも「学び」を得ようとする姿勢が大切だと言うこともできるでしょう。

社会情勢の変化やテクノロジーの進歩により、企業が向き合うリスクは日々変化しています。

また、社会が直面する課題や価値観もめまぐるしく変化する中で、企業が時勢に応じた正しい判断を行うのは大変困難な状況にあります。こうした中で、企業が意思表示を行う際には、
①自社のポジションとスタンスを明確にすること
②世の中の状況やステークホルダーの反応を予想すること
に細心の注意を払うべきです。①については自社の存在意義や、どのように社会に貢献しようと考えているかを全社で共有することが、適切で誠実な判断と実行に寄与するでしょう。②については平時から、自社の意思表示が社会やステークホルダーに及ぼす影響を念頭に置き、これに対する反応を予想するルーティンを身につけ、適切な対応を検討するクセをつけておくことも有効でしょう。

企業のスタンスや意思表示は、企業のブランドや信頼を左右する重要なものです。慎重に検討し、丁寧に行うことが求められます。

言うまでもありませんが、企業を構成するものは「人」です。人は残念ながら、時に間違いを犯します。そのため、多くの組織では二重、三重のチェック体制が整備されていますが、それでもミスは発生します。つまり組織は「ミスはゼロにならない」ことを前提に、頻度と被害の最小化を目指し、平常時から準備しておくことが必要です。また、ミスが起きてもしなやかにリカバリーできるような、オープンでフラットな企業文化を育むこともリーダーの役目であると言えるでしょう。

Interview

DX with Security
DX時代の企業リスクへの新たなアプローチ

デジタル化が進む現代において企業はどのようにあるべきなのか。長年、数多くの企業にサイバーセキュリティの啓発活動を行っている、一般社団法人日本サイバーセキュリティ・イノベーション委員会（JCIC）の代表理事・梶浦敏範氏にお話を伺いました。

梶《かじ》浦《うら》敏《とし》範《のり》 氏

一般社団法人 日本サイバーセキュリティ・イノベーション委員会
（Japan Cybersecurity Innovation Committee（JCIC））
代表理事 兼 上席研究員

1981年、日立製作所入社。各種システム開発を手がけ、2001年に新規事業開拓部門の部長職に就任し、ICT政策に関与。経団連ではデジタルエコノミー推進委員会企画部会長代行、サイバーセキュリティ委員会主査を務め、ICT政策に14年間携わり、インターネット・エコノミーやサイバーセキュリティに関する提言を行った。2017年、JCIC代表理事に就任。他にも経産省サイバーセキュリティ研究会WG2座長やSC3運営委員会議長を務める。

企業を脅かすサイバーリスク

ここ数年、報道などでランサムウェアをはじめ企業がサイバーリスクにさらされる事案が注目されています。2022年に自動車部品を製造する企業がサイバー攻撃を受け、それによって納入先の自動車メーカーの工場すべてが停止した事件を記憶している方も多いと思いますが、今やサイバーリスクはITなどの限られた範囲にとどまらず、産業界全体のサプライチェーンに関わる企業の経営リスクとして捉えられています。また直近の地域紛争はじめさまざまな国際情勢の緊張も大きく関わっていると言えるでしょう。一般企業において、例えば受発注システムはほぼ電子化され、インターネットを経由した情報のやり取りが頻繁に行われている状況を一つとっても、デジタライゼーションと経営は、切っても切れない関係にあることがわかります。また個人のレベルでも、現在はほとんどの方がスマートフォンを持っており、もしデジタル上で問題が起きたとき、ご自身の生活に何らかの影響が及ぶことは容易に想像いただけるでしょう。それほどサイバーリスクは身近な問題になっているのです。当委員会ではこの問題を経営視点から捉え、早くから「サイバーセキュリティは経営課題である」ことを強調し啓発活動を行ってきましたが、これに関する意識や対応は、まだ十分とは言えないというのが現状です。

対策が進まない企業の問題点

現時点では大きく2つの問題があると考えています。一つは経営者の意識不足です。残念ながら「自社にサイバー攻撃で盗られるような情報はない」と認識されている方もまだいらっしゃいます。前述のようにデジタルと経営が密接に絡み合う現状において、事業の継続が脅かされるリスクもあって、それが間違っていることを自覚いただかないといけません。もう一つは、経営者がサイバーリスクを認識していても、対策の優先度が低い場合が多いことです。事業の成長や財務の改善、従業員のコンプライアンス教育など企業として他に優先すべきことがあり、どうしても後回しになる傾向があることです。またリスク対策全般に言えることですが、これらへの出費は損金という意識もあり、対策による効果があまり目に見えないことも考えられます。しかしインターネットは自前主義ではなく水平分業の世界です。サイバー攻撃を行う側は、こうしたインターネットにおける常識や特性を踏まえ、最も早く、合理的な攻撃をしています。一方、防衛する企業の側は、十分な横連携もできていないし、自前主義のままで立ち向かおうとしています。これはチームで動く相手に対して一人で対峙するようなものなので、非常に不利なことは明白です。

企業に求められるリスク対応のポイント

サイバーセキュリティ強化の視点から申し上げると、経営者はリスクやセキュリティ対策への出費を損金ではなく投資であると認識することが第一歩だと言えるでしょう。21世紀の企業は、利潤追求と社会課題への挑戦を両立させることがあるべき姿だと考えますが、そのためにビジネスの価値を高め効率化するだけでなく、エコでスマートな企業に変身することが求められているのが今日の状況だと思います。その両立を実現するためのカギはDXの実践とサイバーセキュリティ対策を両立することです(DX with Security)。ツールの導入やペーパーレスもDXの一つの手段ではありますが、DXの本質はデジタルデータ活用によるビジネスモデルの変革だと私は考えています。コミュニケーションに関わる皆さんの周辺で言えば、SNSにある膨大なデータを自社の施策に生かすという行為がDXだと考えるとわかりやすいかもしれません。DXが次の時代に活き残るための必須条件であれば、経営者がサイバーセキュリティに尽力することは当然のことですし、水平分業のインターネット世界における脅威と戦うためには、一部の部署や担当者だけではなく、関係する全ての部署がしっかりと横連携し、対応していく必要があります。またセキュリティ意識は可能な限り組織の末端まで浸透させる必要があります。これには2段階の考え方があり、一つは全ての関係者の意識醸成のために基礎的な教育/研修を行うこと。もう一つは管理職やよりリスクに近い部署のメンバーに対し、インシデントを想定したシミュレーショントレーニングを行い、ナレッジを習得いただくことです。

有事におけるトップの在り方と社内コミュニケーションの重要性

実際にリスクが発生した際、どれだけ早く対応できるかが、その後の展開に大きな影響を与えるというのはご承知の通りですが、日々進化するインターネットの世界においてはさらに重要です。そのためにはトップが率先して指示を出し、動かなければいけませんが、これには日ごろの備えが大切になります。サイバーセキュリティ対策が進んでいる企業の特徴として、CISO（Chief Information Security Officer／最高情報セキュリティ責任者）のようなポジションの方が日ごろからトップとコミュニケーションをとっていることや、トップ自身が重要性を理解していることが挙げられます。トップは可能な限り感度を高く持ち、専門性があるメンバーの活用法を熟知して適材適所に配置することが必要です。また前述の社内向けの研修やシミュレーションも重要な備えになります。ここで気をつけなければいけないのは、研修を通じて足りていないことや問題が見つかった際に、駄目だったことを責めるのではなく、うまくいったところや問題を報告してくれる従業員を褒め、ベストプラクティスとして共有し活かすことです。参加する従業員を味方につけ、エラーやインシデントがすぐに共有される仕組み・文化をつくることが、リスクに対する備えの強化につながります。

第6章

企業に求められる社会課題解決とは

企業は、消費者はもとより、投資家、就職希望者らに選ばれるためにも、また、政府のアジェンダに沿うためにも、社会課題解決に積極的に取り組むようになりました。とはいえ、本業をさしおいて社会課題解決を優先しては、利益を上げることはできず、企業の存続も危うくなります。

第6章では、企業は社会課題に対してどう向き合うべきなのか、また企業が取り組むべき社会課題（イシュー）と、その活動に対する社会や生活者からの評価視点について最新のイシュー調査をもとに解説します。

企業による社会課題解決への取り組み背景

企業の社会的責任（CSR）という言葉は新しいものではなく、日本では1956年に経済同友会で「経営者の社会的責任の自覚と実践」が提言されています。企業がCSRとして取り組む社会課題も、環境問題が主流だった時代から、ジェンダー平等や障がい者のインクルーシブといった人権問題など、多岐にわたるようになりました。企業の社会課題解決が、今日のように盛んになってきたのにはいくつかの背景が考えられますが、主に以下の5つの要因を確認したいと思います。

背景1：コモディティ化からの差別化戦略の一環

かつて消費者は、商品やサービスの機能性、デザイン性や利便性など、ユニークな価値を重視していました。しかしながら、技術の進歩は多数の類似商品の出現を可能にし、コモディティ化（商品の市場価値が低下し一般的な商品になること）が進むと、そのユニークな価値ではもう人々が振り向かなくなってきました。そこで、差別化戦略の一環として、社会課題解決に向けた企業姿勢・企業ブランドを併せて訴求し、その好感度を向上させる動きが起こりました。

背景2：ミレニアル世代やZ世代が消費を牽引する時代に

今後の消費活動の中心になると見られるのは、１９８０年代前半から１９９０年代半ばまでに生まれた〝ミレニアル世代〟や、１９９０年代後半から２０１０年頃に生まれた〝Z世代〟と呼ばれる人たちです。企業広報戦略研究所のデータでは、「若年層ほど企業のＥＳＧ活動に対して敏感である」という調査結果も出ています（図1）。彼らは、環境や社会問題に対して高い関心を持つ傾向があり、「社会的責任を果たしている企業（の商品）か」という基準が、購買や就職の選択における重要な指針となっています。

背景3：消費傾向の変化

高度経済成長期以降の消費傾向では、モノ消費（商品やサービスの購入を決めるときに、家や車など、モノの所有に価値を置く消費行動）の購買行動が主流でしたが、時代の流れとともに、モノ消費

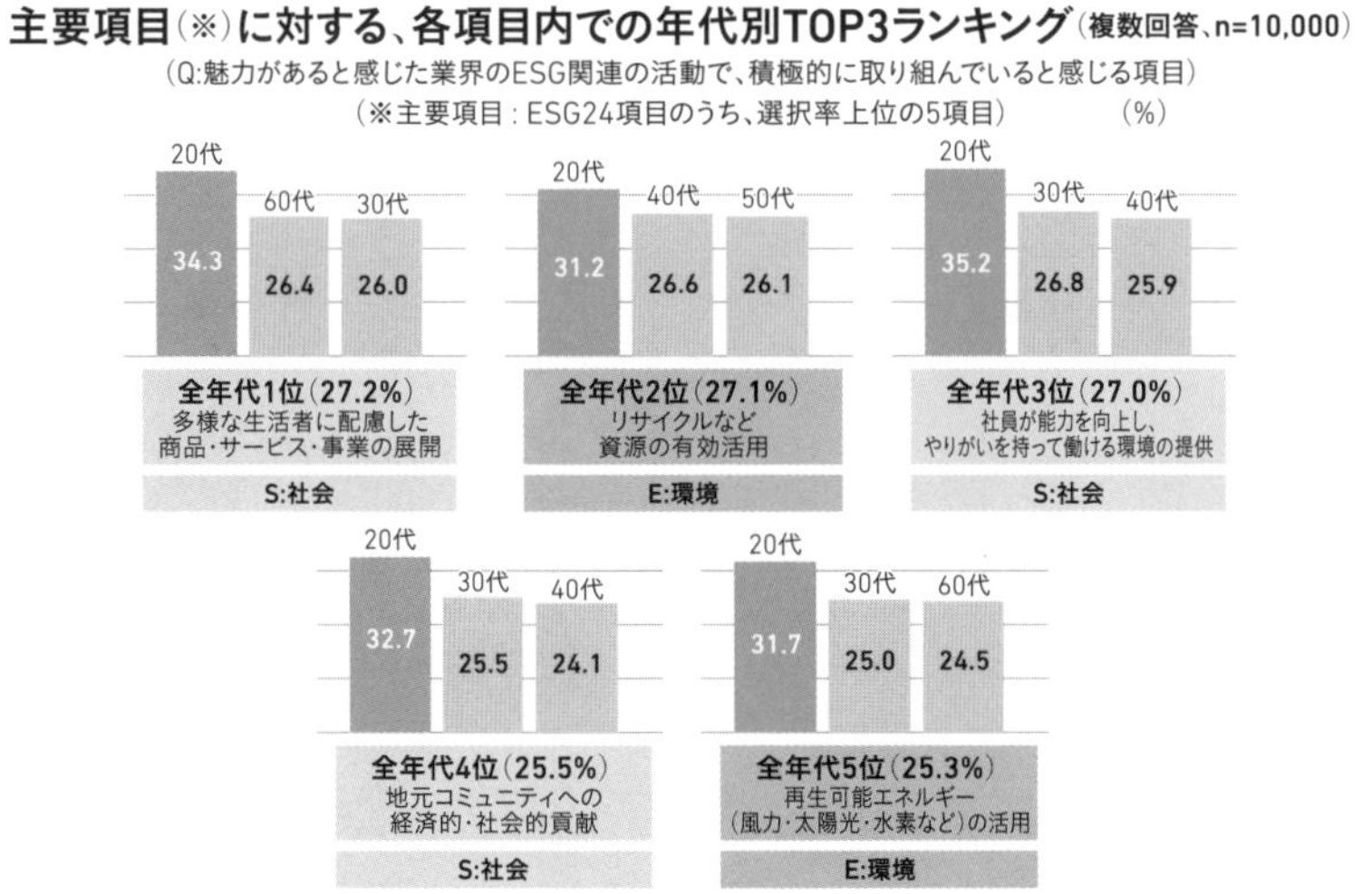

図1 企業広報戦略研究所「2022年度ESG/SDGsに関する意識調査」
Z世代（20代）における他世代よりも高い項目は、環境などの社会的責任に関する項目が多い。

から、コト消費（海外旅行や習い事といった「体験」「経験」の価値を重視する消費行動）やトキ消費（限定イベントやパーティーなど、その日やその場でしか体験できないことに価値を置く消費行動）に、価値を見いだすように変化してきました。

そして現在、それに続いているのが、エモ消費・イミ消費の流れとなっています。このエモ消費・イミ消費は、前述のミレニアル世代やZ世代で特徴的な消費傾向で、商品やサービスを購入するときの判断軸が、エモい＝「感覚的に良いかどうか（心の満足感を満たす価値かどうか）」やイミ＝「社会・文化的に価値のある内容かどうか」を重視する傾向にあります。この「自己満足を促し、社会的にも価値があると認められる商品・サービスであるか」という主観的・客観的な判断軸、すなわち二元的な指標の台頭も要因の一つと考えられます。

背景4：SDGsの登場と官民挙げての推進

2015年の国連の採択から約5年遅れて、日本でも2020年頃から、各企業において優先課題が設定されたり、政府主催のジャパンSDGsアワードで表彰されたり、学校の教育システムに組み込まれるなど、消費者の意識が変化してきました。

背景5：ステークホルダー資本主義の台頭

かつての株主の利益の最大化が最重要事項であった株主資本主義では、〝従業員や地域、環境に負担をかけてしまう〟可能性を否定できないという問題がありました。一方、ステークホルダー資本主義は、株主や従業員、取引先、地域といったすべての〝ステークホルダーの利益に配慮するべき〟という点が大きく異なり、企業活動の評価者、評価軸が変化する状況となりました。これを受け、ESG投資という、財務情報とは異なるE（環境）、S（社会）、G（ガバナンス）を評価する投資の側面が急速に注目されてきた結果、非財務領域における社会課題解決の重要性が高まりました。

生活者が企業に解決を求める社会課題とは

では生活者は、企業に対してどのような社会課題解決を期待しているのでしょうか? 電通PRコンサルティングが実施した「イシュー100調査」(図2)では、100個の社会課題(イシュー)について、日本の一般生活者にとって解決優先度の高い社会課題(縦軸)と、企業に解決を求める社会課題(横軸)の2視点で調査しました。この結果によると、優先度の高い社会課題では「値上げ」「年金制度」「賃上げ」など、日々の生活の問題が上位となりましたが、一方で企業に解決を求める社会課題では「長時間労働・過労死」や「賃上げ」「労働環境の改善」「ハラスメント」「出産によるキャリアへの影響」といった労働環境関連の項目が上位となっています(図3)。つまり、企業が取り組む優先度の高い社会課題は、労働環境の改善などむしろ企業が自発的に取り組むべきこと、もはや、やっていて当たり前とも思われる項目ばかりでした。

広報・PR的な視点から見ると、これら優先度の高い社会課題における企業対応は、よほどのニュース性がない限り、話題化やメディア掲出はハードルが高いと考えられます。しかし、企業の新たな取り組みとしてのメディア掲出の可能性が低いからといって、何も発信しないわけにはいきません。裏を返せば、企業がこれらの課題に取り組んでいない場合、逆に大きなリスクとなり得るということでもあります。

脱炭素や再生可能エネルギーなどの項目は、企業としてやるべきことをやった後の、次に高い優先度と考えられているようです。

また、社会課題の捉え方は、性別や年代などによっても異なります。例えば性別で見てみると、男女比で男性の方が強く反応した社会課題は、「尖閣諸島関連」「竹島問題」「北方四島関連」などの領土問題や、「モビリティ・物流の規制緩和」「5Gなど、インフラ構築の競争力低下」といった先端技術問題でした。逆に女性の方が強く反応した社会課題は、「気候変動(温暖化など)」といった環境関連や、「あおり運転・危険運転・飲酒運転」「フードロス・食品ロス」「児童虐待」「家庭内暴力」「老後資金・老後破産」など日常生活に密接した社会課題だったことがわかります(図4)。

年代別に見てみると、若年層(10代+20代)と全年代の比較で若年層が強く反応した社会課題は、「同性婚制度の整備」「ジェンダー意識」「LGBTQ+」などで、逆に反応が少ない社会課題は、「年金制度」「電力・ガスなどのエネルギー不足」「特殊詐欺」となっています。

そして、全年代の比較においてシニア層(60代)が強く反応した社会課題は、「年金制度」「インフラの老朽化」「気候変動」「廃プラスチック・海洋ゴミ」で、逆に60代の方の反応が薄かったのは、「同性婚制度の整備」「長時間労働・過労死」「教育格差」「出産による格差への影響」でした(図5)。

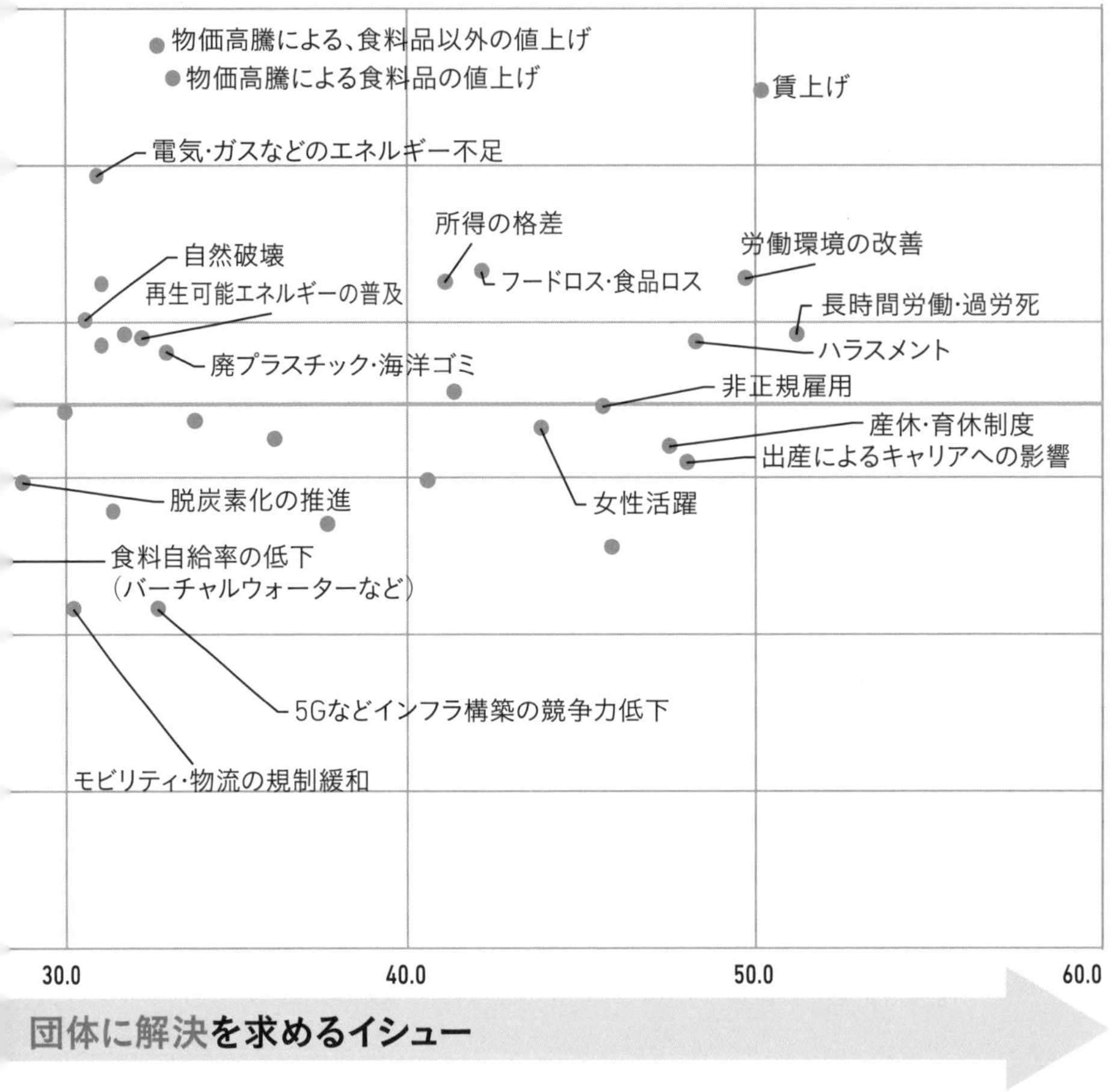

図2 ソーシャルイシュー100調査(散布図)　電通PRコンサルティング調べ　2023年3月調査

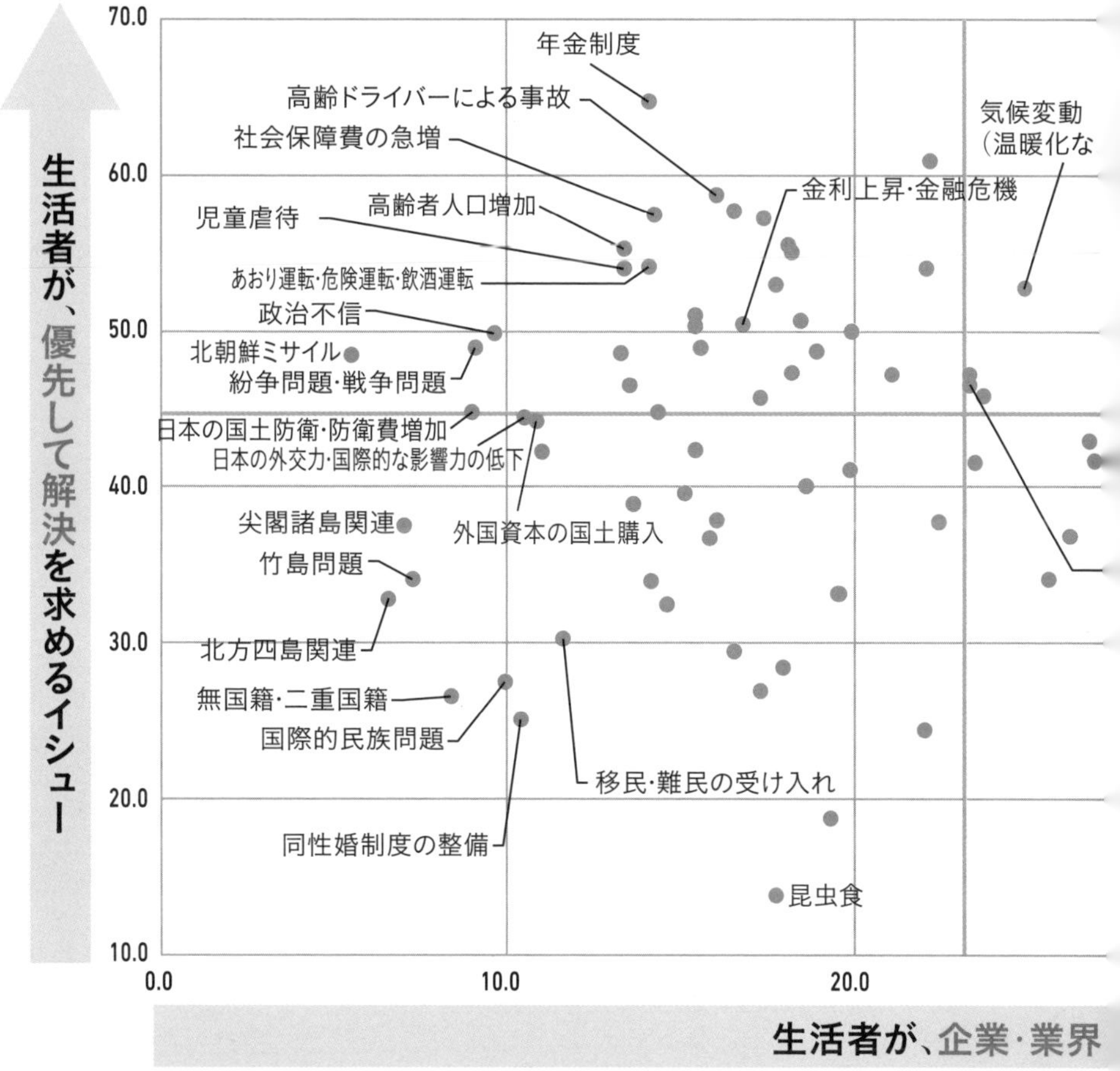

生活者が、優先して解決を求めるイシュー
生活者が、企業・業界
70.0
60.0
50.0
40.0
30.0
20.0
10.0
0.0
10.0
20.0
年金制度
高齢ドライバーによる事故
社会保障費の急増
高齢者人口増加
児童虐待
あおり運転・危険運転・飲酒運転
政治不信
北朝鮮ミサイル
紛争問題・戦争問題
日本の国土防衛・防衛費増加
日本の外交力・国際的な影響力の低下
外国資本の国土購入
尖閣諸島関連
竹島問題
北方四島関連
無国籍・二重国籍
国際的民族問題
同性婚制度の整備
移民・難民の受け入れ
昆虫食
金利上昇・金融危機
気候変動
（温暖化な

生活者の解決優先度の高いソーシャルイシュー		
全体（n=1145）		
1位	物価高騰による、食料品以外の値上げ	67.6
2位	物価高騰による食料品の値上げ	65.5
3位	年金制度	64.7
4位	値上げ（物価に対して低い賃金上昇率）	64.7
5位	巨大地震	60.9
6位	電気・ガスなどのエネルギー不足	59.2
7位	高齢ドライバーによる事故	58.7
8位	老後資金・老後破産	57.6
9位	社会保障費の急増	57.4
10位	老老介護・認認介護（高齢者による、高齢者の介護）	57.2

生活者が企業に解決を求めるソーシャルイシュー		
全体（n=1145）		
1位	長時間労働・過労死	51.2
2位	賃上げ（物価に対して低い賃金上昇率）	50.1
3位	労働環境の改善	49.7
4位	ハラスメント（セクハラ・パワハラなど）	48.3
5位	出産によるキャリアへの影響	48.0
6位	産休・育休制度	47.5
7位	企業の後継者不足	45.9
8位	非正規雇用	45.6
9位	女性活躍	43.8
10位	フードロス・食品ロス	42.1

図3 解決優先度の高いソーシャルイシュー（社会課題）と企業に解決を求めるソーシャルイシュー
電通PRコンサルティング調べ　2023年3月調査
調査対象：全国の15歳～69歳の男女を人口構成比に合わせ1145サンプル回収

設問	全体（1145）	男性（566）	女性（579）	男性－女性
尖閣諸島関連	37.5	42.6	32.5	**10.1**
竹島問題	34.1	38.9	29.4	**9.5**
北方四島関連	32.8	36.9	28.8	**8.1**
モビリティ・物流の規制緩和（自動運転・ドローンなど）	31.7	34.8	28.7	**6.1**
5Gなど、インフラ構築の競争力低下	31.7	34.8	28.7	**6.1**
老後資金・老後破産	57.6	**50.2**	**64.9**	**－14.8**
家庭内暴力（ドメスティックバイオレンス）	39.0	**31.4**	**46.3**	**－14.8**
児童虐待	54.0	**46.5**	**61.3**	**－14.8**
フードロス・食品ロス（まだ食べられる食品を廃棄すること）	53.2	**44.9**	**61.3**	**－16.4**
あおり運転・危険運転・飲酒運転	54.1	**45.8**	**62.3**	**－16.6**
気候変動（温暖化など）	52.7	**44.0**	**61.1**	**－17.1**

図4 男女差の大きいソーシャルイシュー　電通PRコンサルティング調べ　2023年3月調査

設問	全体 (1145)	10～20代 (234)	10&20－全体
同性婚制度の整備	25.2	**39.3**	**14.2**
ジェンダー意識	28.5	**40.2**	**11.7**
LGBTQ＋	27.0	**38.5**	**11.5**
特殊詐欺（オレオレ詐欺など）	48.9	**38.9**	**－10.0**
電力・ガスなどのエネルギー不足	59.2	**47.4**	**－11.8**
年金制度	64.7	**51.3**	**－13.4**

設問	全体 (1145)	60代 (249)	60－全体
年金制度	64.7	**79.9**	**15.2**
インフラの老朽化	50.0	**65.1**	**15.1**
気候変動（温暖化など）	52.7	**67.5**	**14.8**
廃プラスチック・海洋ごみ	48.0	**62.7**	**14.6**
出産によるキャリアへの影響	41.0	38.6	**－2.4**
教育格差	44.7	42.2	**－2.5**
長時間労働・過労死	49.2	46.2	**－3.0**
同性婚制度の整備	25.2	22.1	**－3.1**

図5 年代差の大きいソーシャルイシュー　電通PRコンサルティング調べ　2023年3月調査

このように社会課題解決の優先度は、ステークホルダーの年代や性別、職種などの属性によっても大きく変わります。顧客と株主、従業員が解決してほしい社会課題も、それぞれが異なる可能性が高いのです。また、調査結果には現れていませんが、共通の興味・関心、趣味嗜好やライフスタイルなどによっても大きく変わると考えられます。ステークホルダーを属性以外の切り口でくくったグルーピングで、その対象の求める社会課題について一考してみることも重要でしょう。

企業における社会課題解決の意義

企業にとっての社会課題解決は、ステークホルダーが求める優先順位に差はあるものの、少なくとも〝欠かせない〟ものであるということがおわかりいただけたかと思います。また、社会課題解決に向けて努力を続けている企業として、〝社会から求められている存在価値〟を証明することが必要となります。

それを実現するためには、社会やステークホルダーが抱える課題や期待を、調査やアンケート、お客さま相談など、さまざまな方法でしっかりとキャッチすることが必要です。そして、活動を通じて実際にインパクト（社会的影響）を生み出すことができたかどうかの効果検証を行うこと、実施した活動を振り返ることも重要なファクターとなります。この取り組みが実際に社会のためになっているのか、また社会からはどのように受け止められているのかを把握することは、企業が活動を行っていく上で、また、企業が活動を広報・ＰＲしていく上で重要な要素になります。

みなさんは「スラックティビズム」という言葉があるのをご存じでしょうか。これは「怠け者（slacker）」と「社会運動（activism）」の組み合わせからつくられた造語で、「一見社会活動に貢献しているように見えるが、実際は表面的で深い意味がない、あるいは自己満足に終わってしまう活動」を指す言葉です。もともとこの言葉は違うニュアンスで使われていました。それは、若者が個人的な規模で社会に影響を与えようとするボトムアップ活動のことであり、「一見単なる自己満足と思われるかもしれないが、結果としては実際に社会活動に寄与している活動」を指すものでした。

この代表例として挙げられるのが、２０１３年のがん研究促進のための「アイス・ウォーター・チャレンジ」や、翌２０１４年の「ＡＬＳアイス・バケツ・チャレンジ」（ＡＬＳ：筋萎縮性側索硬化症）などです。これらの活動は、人々に寄付をするかそれとも冷たい水に入るか（または冷たい水をかぶるか）というシンプルな挑戦を提案したもので、当初このような行為は「社会貢献ごっこでは？」との批判も受けましたが、実際には多額の寄付が集まり、社会貢献を果たすことができました。

ここで学ぶべきポイントは、単に社会貢献の〝形〟だけを追求するのではなく、〝本質（本来の目的）〟は何かを考えるべきだということです。もし、真剣に病気などの議論がされず、寄付金も集めることができないまま、冷たい水をかぶることだけが流行してしまったら、それはYouTubeの〝やってみた動画〟と何が違うというのでしょうか。この活動の本質は、病気に対する議論や理解の促進であり、求める成果は寄付金を集めることでした。このチャレンジは、たまさか話題化に成功し、社会貢献ばりの活動によって、想定以上の成果を出すことができました。しかし、活動への参加を促す指名を公の場ですることで同調性を煽《あお》り、断りにくい状況に追い込んだことや、冷たい水をかぶり健康を害する恐れがあったことなど批判も多々ありました。成果を出すためにはどんなことをしてもよいという訳ではなく、〝本質〟に至るための道筋についても熟考が必要です。健康を害する可能性があることは本来避けるべきなのです。自社が行う社会課題解決のための取り組みは、「本来の目的は何か」「それは社会貢献になっているのか」、そして「その行動は社会からどのように受け止められるのか」を併せて検討することが肝要です。

ステークホルダーの夢の実現をサポートする

企業を取り巻くステークホルダーには、顧客、株主、従業員、政府など、企業活動に影響を与える個人や団体が含まれます。そして、これらのステークホルダーには、それぞれが解決を望む社会課題が存在します。そのため、かつてあった全ステークホルダーに向けた環境広告のような一律なアプローチ手法以外の方法が考えられるようになってきました。例えば、若年層は環境問題への関心が高いかもしれませんが、年配の株主層にとってはそれよりも企業の長期的な収益ビジョンやガバナンスに高い関心があるなどの場合です。職種によっても違いがあり、技術者は最新技術の研究や特許関係に価値を見いだすかもしれませんし、マーケティング担当者は市場の多様性を重要視するかもしれません。さらに地域差もあり、日本と海外では、求められる社会課題解決内容も異なります。このように、社会課題に対する優先順位は、ステークホルダーの属性によって変化します。

では、企業はこのような多様なステークホルダーが抱える社会課題に、どのように応えるべきでしょうか？　全ての課題を解決に導くことができれば、それは〝夢〟のようなことです。しかし企業は無限のリソースを持っているわけではありませんし、全ての課題に対応しようとすれば、逆に効力は分散化し、効果的な解決が難しくなります。

より賢明なアプローチは、企業が持つリソースと能力を考慮しつつ、最も社会に影響力のある、また社会から最も強く求められている、または最も企業パーパスに近い社会課題に絞り込むことです。これは、限られたリソースの中での「最大価値」を提供することを意味します。つまり、自社が満足する〝自分の夢を見る〟のではなく、〝ステークホルダーの夢〟を理解し、その実現に向けて併走するスタンスが重要なのです。

この過程で最も重要なのは、ステークホルダーの声を〝傾聴すること〟です。彼らが何を望んでいるのか、どのような変化を求めているのかを理解し、それに応じた行動を取ることが求められます。これにより、企業は社会的責任を果たすだけでなく、ステークホルダーからの信頼と支持を得ることができるでしょう。自己満足で終わるのではなく、実際に世の中を良くする「イミある行動」を取ることこそが、21世紀の企業にとって真の挑戦と言えるでしょう。

「傾聴の姿勢の重要性」についてお話ししましたが、同時に「自社が求める本質（目的）」と「自社に求められている本質（存在意義）」を見失わないことも重要です。自己の存在意義＝パーパスを再規定し、それに沿った経営・活動を行っていくのはいいのですが、「どう現実に当てはめていくのか」の自社の立ち位置を見直す作業が大切です。

企業が取り組む社会課題解決では、その企業のアイデンティティ、つまり企業が何を大切にし、どのような価値を提供するのかという本質と調和することが望ましいのですが、そうではない場合も存在します。化石燃料を原料とする企業は環境問題を語れないのでしょうか、砂糖の入った飲料や菓子をつくっている企業やたばこやアルコールを扱っている企業は、人々の健康問題を語れないのでしょうか。それは違います。むしろ自社が関与する要素についても積極的に語り、そこへどう取り組んでいくのかという姿勢の表明が重要となります。利益の創出、株主還元を目的としてきた企業は、自己矛盾を抱えているケースが多々あります。自らの存在意義を再認識し、自己の立ち位置を現実解に当てはめて、自身が納得できるストーリーを紡ぐことが求められます。上辺だけ取り繕った〝夢物語〟的な企業パーパスを繰り返すよりも、ビジネス戦略を踏まえた現実的な社会課題解決とともに歩むビジョンを語る方が、よっぽどサステナブルな社会に貢献できるのです。

社会課題解決のコミュニケーション活用

社会課題解決に取り組んでいたとしても、それを社会に周知させていかなければ、〝やっている〟という認識にはなりません。昔の日本であれば、「隠徳の美」という価値観があり、良いことは黙ってやることがよしとされていました。しかしビジネスの場においては、企業の社会課題解決の努力は、誠実に社会に報告していくべきですし、生活者はそれを知る権利があるとも言えます。

社会課題解決をコミュニケーションする上で重要となるのが、

（1）真摯さ（Integrity）
（2）オープン（Openness）で謙虚（Humility）であること
（3）ビジョンとインパクトを示すこと
（4）サプライチェーン全体で取り組む、〝コレクティブインパクト〟を意識すること

です。

1つ目の真摯さ（Integrity）は、第5章「ＥＳＧコンシャスな時代のレピュテーショナルリスク

の管理」でもリーダーに求められる資質として挙げていますが、ウォッシュにつながらないかを意識し、生活者を欺くことのないように配慮することが必要です。偽りなく、正直に、誠実にコミュニケーションを実践することが重要となります。

2つ目のオープン（Openness）で謙虚（Humility）であることについては、進捗状況を定期的に公開していくということ。どの企業も完璧であることは不可能です。しかしながら、これまで行った努力を明らかにし、どこが足りないのかを自省し、自慢することなく、それを共有していくことが肝要です。オープンにすることにより、外部からの提案やサポートを得られることもあります。

3つ目のビジョンとインパクト（社会的影響）については、今後のビジョンやプラン、スケジュールについて報告すること。現実に進行していることを理解してもらい、インパクトについてなんらかの実質的な成果を示すことで、その活動のイミを理解してもらうことができます。もし、社会的な影響を示すことができない活動や目的意識のない活動であれば、それは企業として意味のない活動と考えるべきです。

そして、4つ目については、サプライチェーン全体で取り組むことで、インパクトや成果の価値をさらに高めることができます。また、1社ではできないことも、他のセクターの専門家が協力すること（コレクティブインパクト）により、大きな枠組みでの取り組みに挑戦でき、また大きな成果につなげられる可能性が高まります。

サプライチェーン全体での取り組みが縦の協力であるのに対し、コレクティブインパクトは横の協業です。縦・横ともにさまざまな企業、組織と協力することが、社会に対してより大きな成果につながりますし、コミュニケーションにおいても広がりを持たせることが可能となります。

イシューカレンダーの活用

広報・PRにおける情報発信についてはは常にタイミングが重要となりますが、それは社会課題の取り組みにおいても同様です。企業はその取り組みを単なるニュースリリース配信だけでなく、世間の関心が高まるタイミングで発表することで、報道の価値を最大化することができます。この場合の広報・PRの役割は、ただファクト（事実）を公表するだけではなく、その情報が社会的な意味合いを帯びるタイミングを見計らい、報道されるべきストーリーを提供することです。例えば、ある環境問題に関する取り組みを、「環境週間」というイベント期間中に公表することで、そのニュースはより大きな注目を集めやすくなります。このようなストーリーによるイミ付けによって、その取り組みの単体成果のみならず、それがなぜ今、報道価値があるのかという「必然性」を併せてメディアに訴えることができるため、広報・PR戦略においては非常に重要なポイントとなります。

企業の広報・PRは年間のプランニングを行う際に、これを踏まえたイシューカレンダーの

企業PR戦略カレンダーの作成

ビジネスイシュー	2023年度2Q			2023年度3Q		
	●賃上げ　●カーボンニュートラル　●物価上昇（値上げ）　●廃プラ					
	7月	8月	9月	10月	11月	12月
季節の話題 企業行事	·7/8　安倍元首相1周忌 ·7/17 海の日 ·7/20 サッカー女子ワールドカップ（～8/20） ·7月　夏の節電要請	·8/11 山の日 ·8/15 終戦記念日 ·8/25 バスケットボールワールドカップ（～9/10） ·8/18~27　世界陸上2023ブダペスト	·9/8 ラグビーワールドカップフランス（～10/28） ·9/18 敬老の日 ·9/8 エリザベス英女王1周忌	·10/9 スポーツの日 ·10/29 部分月食 ·10/31 ハロウィン	·11/3 文化の日 ·11/23　勤労感謝の日	·12/1 新語·流行語大賞 ·12/15 ふたご座流星群極大 ·12/25 クリスマス ·12/31 大晦日
行政·経済	·7月中 NATO首脳会議（ビリニュス） ·IMF世界経済見通し	·8月初旬 GDP1次速報（4～6月）	·9月初旬　GDP2次速報（4～6月） ·9/9～10　G20サミット（ニューデリー）	·10/1 改正消費税法施行（インボイス導入）	·11月中旬 GDP1次速報（7～9月） ·11月経済安全保障推進法段階的施行 ·米国大統領選挙　1年前 ·IMF世界経済見通し	·12月中旬　税制改正大綱
DX·技術	·7/11～13 ニューノーマルワークスタイルEXPO（東京·夏）	·8/20～21 ICIAMが東京で開催	·9/1～5 IFA2023（ベルリン）	·10/26～11/5 ジャパンモビリティショー2023 ·10/1·2 デジタルの日		
ESG	·7/11～13 SDGs·ESG支援EXPO	·8/12 国際青少年デー	·9/1 関東大震災100年（防災の日） ·9月中旬 SDGs週間 ·9月 障害者雇用支援月間	10/1 EUで炭素国境調整措置が施行 10月 食品ロス削減月間	11月 テレワーク月間	12月 地球温暖化防止月間 12/6～8 SDGs EXPO 2023

図6 イシューカレンダーイメージ　2023年3月　電通PRコンサルティング作成

自社·競合の取り組みや対応可能な領域の整理

ビジネスイシュー	●賃上げ　●カーボンニュートラル　●物価上昇（値上げ）　●廃プラ					
	7月	8月	9月	10月	11月	12月
モーメント	·7/20 サッカー女子ワールドカップ（～8/20） ·7月 夏の節電要請 ·7月中 NATO首脳会議（ビリニュス） ·7/11～13 ニューノーマルワークスタイルEXPO（東京·夏） ·7/11～13 SDGs·ESG支援EXPO	·8月初旬 GDP1次速報（4～6月） ·8/20～21 ICIAMが東京で開催 ·8/12 国際青少年デー	·9月初旬 GDP2次速報（4～6月） ·G20サミット（ニューデリー） ·9/1～5 IFA2023（ベルリン） ·9月中旬 SDGs週間 ·9月 障害者雇用支援月間	·10/31 ハロウィン ·10/1 国勢調査 ·10月 食品ロス削減月間 ·10月 ピンクリボン月間	·11月中旬 GDP1次速報（7～9月） ·11/30～12/12 COP28がUAEで開幕	·12/25 クリスマス ·12/31 大晦日
自社		○社とのカーボンニュートラル協業発表		新製品記者発表会	11月：中計上の、○○達成期限	
競合A社						
競合B社		サステナ記者発表会		新中計リリース予定		
競合C社	ファクトブック発行	脱酸素　働き方改革リリース				

図7 イシューカレンダー×広報戦略イメージ　2023年3月　電通PRコンサルティング作成

作成を心がけるべきです（図6）。イシューカレンダーとは、その年に予定されている、企業が関与すべき社会課題に関連するイベントや記念日、大きな国際会議などを事前にカレンダー形式で整理したものです。このカレンダーを利用することで、当該領域の広報・PR活動を適切なタイミングで計画的に行うことができるようになります。またイシューカレンダーに広報・PR戦略を重ねて見ることで、企業が実施する社会貢献活動やイノベーションのニュースを、どのタイミングで伝えると、より引き立てることができ、魅力的に伝えることが可能になるかがわかるのです（図7）。

社会課題への積極的な取り組みは、今や多くの企業にとって当たり前の姿勢となっていますが、その努力が広く知られるためには、その背後にあるストーリーとタイミングをできるだけ有効に活用すべきです。そしてこのような社会課題に関連して自社の周辺環境の風向きがポジティブやネガティブに大きく変わるタイミングが必ずあると思います。その際にすぐに動けるようにしておくことが肝要です。

広報・PRは年間を通じて社会の動きを見極め、自社のメッセージが最大限のインパクトを創出できるよう、そのタイミングを計画的に選ぶ必要があるのです。

Interview

「東北の繁栄なくして当社の発展なし」、東北電力の地域に寄り添う経営とは

第6章「企業に求められる社会課題解決とは」では、自社が求める本質と求められている本質を理解すること、そして、真摯に、オープンで、謙虚さが重要であると述べています。ここでは、こうした活動を真摯に続けている企業として、東北電力への取材をまとめています。

1951年の創立以来、「東北の繁栄なくして当社の発展なし」といった考え方のもと、「地域社会との共栄」を経営理念に掲げ、豊かな暮らしに必要不可欠な電気を東北6県・新潟県を中心に届けることで、地域と共に発展してきた東北電力。2016年の電力小売全面自由化や2020年の送配電分社化、再生可能エネルギーの導入やデジタル化による電力需要の増大、資源価格高騰など、経営環境・社会課題の大きな変化に対応している代表的な企業といえます。

東北電力では、経営環境の変化やさまざまな社会課題にどのように向き合っているのか。コーポレート広報を統括されている佐々木裕司常務にお話を伺いました。

佐々木裕司《ささきゆうじ》氏
東北電力株式会社 常務執行役員
コーポレート担当、再生可能エネルギーカンパニー長、原子力本部副本部長、支店統轄

2016年に東北電力株式会社執行役員グループ事業推進部長就任。翌2017年東北電力株式会社執行役員東京支社長就任。2020年東北電力株式会上席執行役員東京支社長就任。2021年より現職で、コーポレート広報や再生可能エネルギーなどを担う。

地域課題を解決し、東北・新潟の持続的発展に貢献

――御社を取り巻く経営環境の変化や社会課題はどのような状況なのでしょうか?

当社を取り巻く経営環境の変化はかつてない程に激しく、向き合う課題は複雑さを増し、経営の難易度が上がっていると感じています。エネルギー事業者として、お客さまに電力を絶えず安定かつ経済的にお届けすることが基本的使命ですが、近年は国際情勢の緊迫などに伴い発

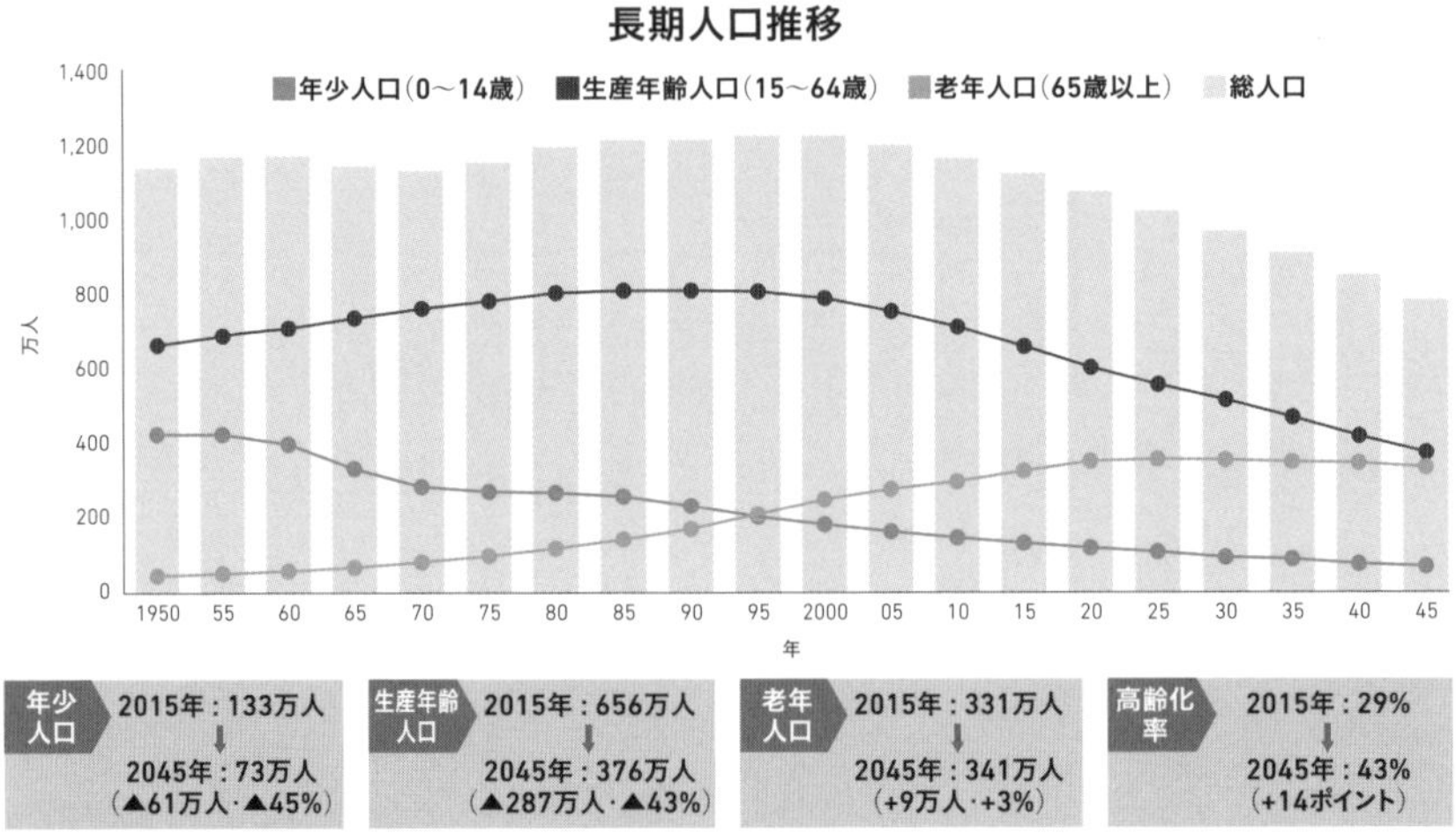

図1 東北圏の長期人口推移
公益財団法人 東北活性化研究センター資料を基に筆者が作成

電燃料の調達リスクが高まっており、ロシアのウクライナ侵攻の影響によるエネルギー資源価格の高騰などにより実施した電気料金の値上げについては、多くのお客さまにご負担をお願いすることとなり大変心苦しく思っています。

一方で、国際的な課題である地球温暖化防止に向けて、当社も「東北電力グループ〝カーボンニュートラルチャレンジ２０５０〟」を掲げ、中長期的な目標の達成に向けた取り組みを加速させています。さらに、近年頻発し激甚化している自然災害に対しては、設備のみならず財務面の備えも重要です。電気事業は２０１６年に小売全面自由化となり、市場競争は激しさを増していますが、責任あるエネルギー事業者として、時代の要求に応え、これらさまざまな課題の同時達成を目指していきます。

また、当社は東北地域と新潟県に根ざした企業であり、「当社の事業活動を通じて、東北・新潟の持続的発展に貢献していく」。これが私どもの普遍的な想いです。東北6県および新潟県では人口減少や少子高齢化が進み、地域の活力低下などさまざまな分野で課題が顕在化しており、これらの地域課題の解決に貢献していきたいと考えています。

――さまざまな地域課題に対してどのような活動を行われていますか？

先ほどの通り、当社自らが事業活動を通じた地域課題の解決に取り組んでいくとともに、人口減少や地域の活性化、少子高齢化、若者の人口流出などの地域課題解決に取り組む団体をサポートしています。東北6県および新潟県では、それぞれの地域ごとに抱える課題が異なることに加え、各団体が地域の課題解決に取り組む上では、まちづくりのノウハウを必要とする団体もあれば、活動するための資金を必要とする団体もあるなど、求めるニーズは多種多様であると認識しています。こうしたニーズの違いに対し、例えば「まちづくり元気塾®」では、まちづくりに取り組む団体へそれぞれのニーズに即した専門家を派遣し、地域活性化に係るノウハウの提供や、人材育成など、実践的な活動による支援を行っています。

一方、活動資金の確保の面で課題を抱える団体や、助成により効果的な活動を期待できる団体に対しては、「東北・新潟の活性化応援プログラム」の制度で、助成金の提供という形でサポートしています。こうした施策を通じて地域産業の振興や地域コミュニティの再生・活性化、交流人口の拡大など、ソーシャルインパクトの創出につなげていきたいと考えています。

「まちづくり元気塾®」で地域活性化のノウハウを専門家に学び、価値創出を目指す。

――その他にも、次世代を担う子どもたちの育成支援などにも取り組まれていますね?

東北・新潟の持続的な発展を支えるのは「人」であると考え、地域の未来を担う子どもたちがのびのびと育つ環境づくりを支援する「放課後ひろば」という次世代支援プロジェクトを展開しています。具体的には、社員が地域の小・中学校などを訪問し、発電の仕組みなどについて授業を行う「エネルギー出前講座」や、地域のプロ演奏家などが小・中学校を訪問し、子どもたちの目の前で演奏する「東北電力スクールコンサート」などがありますが、中でも東北6県および新潟県の中学生を対象に、次代を担う中学生の皆さんに、作文を通じて自分の将来や地域の未来について考えていただくことなどの願いを込めて、1975年から実施している「中学生作文コンクール」は、今年で50回目を迎えるまでになりました。

他にも、地域の皆さまに、芸術やスポーツと触れ合う楽しさや魅力を体感いただき、地域全体の文化向上に役立てていくための文化・スポーツ支援活動や、各県の地域行事への参加や、清掃・植樹の環境活動、福祉施設への訪問活動などの地域活動に積極的に取り組んでいます。

東北振興の使命とともに

――地域貢献にかなり力を入れていらっしゃると思いますが、その理由などはありますか?

当社の地域貢献に対する考え方は、東北振興策として1936年に設立された「東北振興電力」にさかのぼります。当時の東北地域は、昭和初期に起きた世界恐慌や2度の冷害による大凶作で地域経済が疲弊しており、この東北振興電力は、東北地域のために国策で設立されました。東北振興電力は1941年に「日本発送電」に吸収されるのですが、「東北振興」の使命は引き継がれ、1951年に創立された東北電力の地域貢献の精神につながっています。当社創立期は、東北地域の産業振興のため、電力供給そのものが社会課題解決と言える状況にありましたので、「日本の再建は東北から、東北の開発は電力から」をモットーに、東北の振興のために只見川の水力発電所や、やがては火力発電所の新規電源開発に精力的に取り組みました。

また、当社には、社員一人ひとりが地域社会を構成する一員であるとの認識のもと、お客さま・地域社会との協調・協力を図り、相互の理解に基づく信頼関係を構築していくとする「地域協調」という考え方があります。事業環境が変化する中でも綿々と受け継がれてきた地域協調の基本精神は変わることなく、経営理念「地域社会との共栄」やグループスローガン「より、そう、ちから。」のベースとなっています。このＤＮＡや価値観が他事業者との差別化の源泉であると信じています。

――企業広報では、魅力やアピール力の高い情報発信を求められることはありますか？

以前は、社会貢献的な活動を広告などで喧伝するような姿勢は、当社にはふさわしくないのではとの意見もありました。しかし私は、地域に寄り添う自社の活動をしっかりと地域の皆さまにお伝えすることは、東北電力グループへの理解を深めていただくためにも大切なことだと考えており、広報としても、プレスリリースをはじめ、オウンドメディアやＳＮＳなどを通じて積極的に情報を発信しています。地域の方々からの信頼感・安心感を大切にしながらも、今後は、新しいことに挑戦して時代を切り拓いていく姿を伝えることで、もっとワクワク感、チャレンジ感を訴求した事業活動・広報活動に取り組んでいきたいと考えています。

共感できる仲間づくりが必要

地域課題解決にあたり、今後どのような取り組みが必要だと考えていますか？

東北・新潟の地域課題解決やその活動のPRには、もっと仲間づくりが必要で、特にこれまでとは違った分野のプレーヤーと組んでいくことが重要だと感じています。地域課題解決という切り口で当社の活動に共感してくれる企業・団体、また当社が共感できる企業・団体と一緒に進めていくことで、これまで気づかなかったお客さま・地域のニーズを見つけ出し、グループ企業の商材を提案したり、それを新たなサービス開発につなげることもできると思います。地域のパートナーとともに地域の課題を解決しながらスマート社会（Society5.0）の実現につなげ、社会性と事業性の好循環によるサステナブルかつインパクトのある活動を続けていきたいと考えています。

インタビューを終えて

現代社会では、生活者にとって電気はあって当たり前で、停電などが起きない限り、ありがたみや大切さを感じることは少ないかもしれません。しかし、その裏では、安定的に電気をつくり出すために、たゆまぬ努力を続け、われわれの生活基盤を支えている企業があることを忘れてはならないとあらためて感じたインタビューでした。

資源価格の高騰や電力小売自由化、発送電分離など、経営環境が目まぐるしく変わる中でも、創業以来変わらない地域とともに歩む企業精神が従業員一人ひとりに浸透していることが、企業のパフォーマンスにもつながっているのだと思います。

これからは、「ワクワク感を出していきたい」「チャレンジしていきたい」と、とても楽しそうに語った佐々木常務のまなざしは、東北地域と東北電力の将来をしっかりと見据えていました。

（聞き手：電通ＰＲコンサルティング 末次祥行）

第7章

PR4・0実践に向け留意すべき7つの視点

最終章となる第7章では、これまでの6つの潮流をベースとしつつ、いまPRが直面する環境と課題に対して何ができるのかを「PR4・0」と題して、その方向性を考察していきます。すでに企業がその対応を迫られているブランド・アクティビズム（企業やブランドが自分たちの価値観・スタンスなどを主張すること）は、この先どうなるのか、またレピュテーションを形成する「ナラティブ」のマネジメントについてもその具体的方策を含めて解説していきます。

視点1
外部環境の変化とコミュニケーションの変遷

序章で述べたように、市場や世の中の環境変化に対して企業やブランド、組織のコミュニケーション活動は、意義のある成果を目指し進化を続けてきました。PR1・0の認知拡大から始まり、PR2・0では情報発信からその後の成果をしっかり見極めるゴール設定が推奨されるようになり、併せてその活動成果を広告費用に置き換える広告換算というKPIも情報接触のその先の成果に結びつく内容であるかどうか、また意識変化・態度変容を促すものであったかどうかという定性的な側面が重視されるようになりました。目指す成果自体も、売上拡大といった業績に直接紐付くもののみならず、企業好意度の向上や、事業を取り巻く法律といったルール改正など、より広範囲な目標設定がなされるようになりました。そしてPR3・0ではそのアウトカムに加え、活動自体が世の中に広く良きインパクトを生み出しているかまでを測るようになり、企業もその活動の先を見据え、自社の立ち位置を再確認することがもはや習慣化してきています。

しかしこれらの変化は、企業側の強い意志によって積極推進されたというよりも、社会や生活者の物事の考え方や価値観自体が変わってきたからこそ、その変化に対応すべくそのあり方が変わってきたという方が正しいようです。ダーウィンの進化論のごとく、周囲の環境への適応を促され、その環境変化が激しいほど大きな進化が達成されてきたわけです。生物学のみならず、このコミュニケーション環境においても同様のことが言えるのではないでしょうか。

誰もが体感しているように、ここ数年の企業や組織を取り巻くコミュニケーション環境の変化には著しいものがあります。それはテクノロジーの進化がもたらした情報発信手段やその情報加工の工夫といったツールの発明・活用やテクニック論ではなく、より本質的な変化の側面が大きいのではないでしょうか。コミュニケーションの対象となる各ステークホルダーの要求や感情に向き合い、それぞれに丁寧に対応していく姿勢が求められ、併せて企業はそもそもの社会的存在意義といった本質的価値を問い直されているのです。まさにこれからの社会に対して企業はどう相対していくつもりなのか、そのスタンスを問われる時代なのです。

視点2
マスメディアからマステーマへ
メディアでくれない多様な生活者、「フラクチャード・オーディエンス」と向き合う

本書の第2章「多様化・複雑化する広報・PR戦略」でも述べたように、コミュニケーションにおいてのもう一つ大事な変化に、生活者における情報接触点の変化があります。過去、企業が新聞・雑誌やテレビといったマスメディアを活用した情報発信、広告による一方的なストーリー提供に注力してきた状況は終わり、ソーシャルメディアを含めたさまざまな「メディア」に情報発信を委ねる時代となりました。マスメディア活用時のように、このメディアを通じてこのターゲットに情報が届くという基本ルールは崩れ、情報の一元管理は極めて難しくなっています。情報流通の経路はマスメディアとソーシャルメディア、オウンドメディアを行き来する複雑なものとなり、その流通過程で大元の情報にも、生活者のさまざまな意見や感想、解釈などが付加され、発信者の企図を超えた内容に変換され自走していく状況にあります。これまで、より広い対象に自社の情報を届けたければ新聞の発行部数に頼り、口の端に乗りそうなオモシロコンテンツやタレントなどのインフルエンサー的存在感と相まって活用されたのがテレビであり、またより特化した興味・関心でコミュニティを束ねるためには雑誌がその役割を果たしました。しかし現在ではそれぞれのメディアの先に存在する生活者の顔は一律ではなく、その情報接触のあり方は混沌とした様相となっています。

生活者側の情報取得環境は大きく変化し、個々の利用者が自身の好みでコンテンツやそれを消費するプラットフォーム、デバイス、タイミングを選択する時代となりました。マス（大衆）の関心も従来の集中的なものから分散的なものとなり、併せてオーディエンス自体もその塊から抜け、分散した（フラクチャード）状態にあります。以前は、同様の趣味嗜好で話題も同一のグループにアプローチすることで、効率よいリーチが獲得できると考えられていました。しかし今では一つに見えるそのグループを構成する生活者同士は、複数持つ関心の一つで緩やかにつながっているだけなのです。そのため、他の角度からの呼びかけに、グループの大半は一切振り向かないといった反応さえあります。

これに対し、メディアという接触点から考えずに生活者の関心あるテーマでターゲットをくくっていこうというのが、私たちの提唱する「マスメディアからマステーマへ」という視点です（図1）。マスメディアからソーシャルメディアへ、あるいはソーシャルメディアからマスメディアへと情報の流れ方は複層化・複雑化しています。しかしそれら情報がどの経路を辿ろうとも、生活者側の意思でその情報はいかようにも入手可能であり、逆に言えば能動的にその情報に向き合う気持ちがなければ情報接触は果たせません。企業側の意思で発信したものの、これまでのように容易にターゲットにリーチさせることは至難の業となっているわけです。

そこで多くの生活者が関心をもって向き合ってくれそうな「マステーマ」を設定し、それをベースに企業側の意見や主張を織り交ぜ、提示することが一つの解決策となります。ただしそのテーマ設定においては、事前に生活者側の関心を把握しておくこと、またその関心と自社が

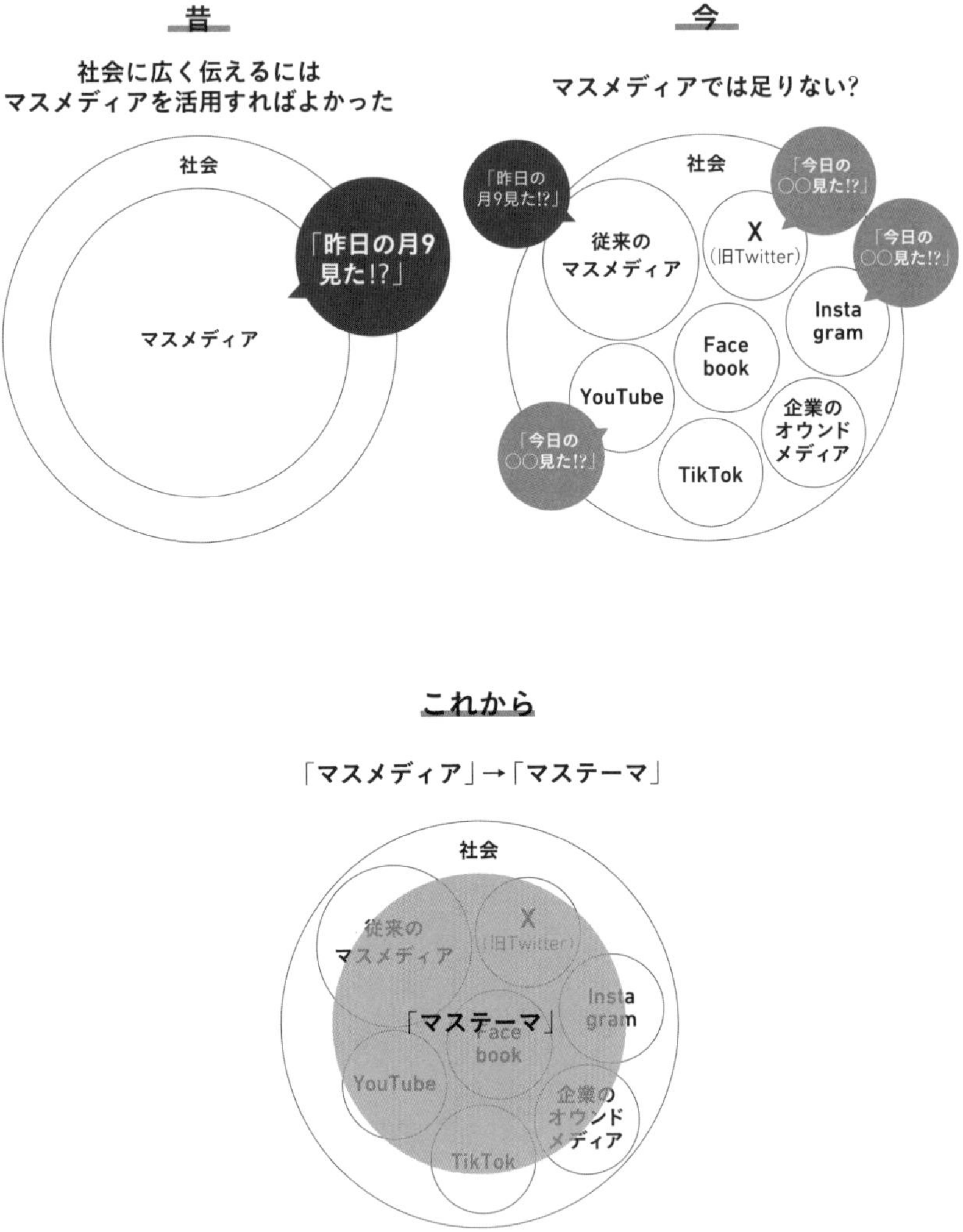

図1 マスメディアからマステーマへ

訴求したい情報との間にどのような接点・共通点をつくれるかを検討し、併せて自社活動を共感強化のためにアジャストしていくプロセスが必要です。これまでのように手元に準備できた情報を一方的に発信するというやり方からすれば、これらのプロセスはとても手間が掛かることですが、生活者側が能動的にその情報を求める環境がつくれるならば、その苦労の甲斐もあるというものでしょう。そしてそのためには、すでに世の中に顕在化している関心事に寄り添うのみならず、現状では埋もれている社会的イシューなどにも目を向け、その領域での先鞭を付けていく必要があります。

昨今、生活者が直面している不具合やそれに対する不安がソーシャルメディアを通じて明け透けに表明され、しばしば巷の話題となり、議論を巻き起こし、不具合の根本原因となる法制度や企業活動が炎上に至ることもあります。鬱積した不満が世の中で共有されたとき、この不満に賛同するサイレントマジョリティが一気に声を上げることも珍しくありません。それは大きなうねりとなって、多様なレイヤーの人々を巻き込みムーブメントに発展することも。そしてここに賛同した人々の属性を見てみると、実は当事者と同じ不満を持つ、同様の属性の生活者のみならず、さまざまな顔がここに意見していると知ることができます。すなわち、それこそが多様な人々が同様に向き合い意見したいと思う「マステーマ」というわけです。そこに積極的に向き合い、その課題解決に努力する企業は、彼らの共感を得ることができるはずです。もちろんさまざまな課題が数多あるわけですが、第6章「企業に求められる社会課題解決とは」で述べたように、自社が取り組むべき課題（イシュー）をしっかりと見極め、あるいはまだ顕在化していないところから発見し、その解決に挑むことが他社との差別化においても効果を発揮するはずです。

そして、この課題解決を目指す企業の意思やスタンスは「社会へのコミットメント（積極的な取り組み）」として、自社への生活者のエンゲージメントを高める起爆剤となり得るのです。併せて留意しておきたいのは情報発信時のターゲット設定です。情報の届け先としてコアターゲットを絞り込みたい気持ちはわかりますが、現在の複層化したメディア環境では思いがけず狙わぬターゲットに情報が届くことも起こり得ます。発信した情報はあまねく世間に届くものとして考え、誰にとっても理解しやすく共感しやすい接点を心がけ、また一方で企図せぬネガティブな受け止められ方をしないよう閉じたコミュニティでしか通じないような言い回しなどは回避するよう留意する必要があるでしょう。

視点3
ブランド・アクティビズム
商品やサービスだけではなく、それを送り出す企業とそのスタンスを見る時代に

では企業に問われる社会と向き合うスタンスとは何なのでしょうか。それは企業市民としての社会との関わり方であり、より生活者に近いポジションでの物事の考え方や想いとも言えま

す。これまで企業の本質は商品やサービスを創造し、その差別化を目指し、提供することで社会や生活者のよりよい暮らしをサポートすることでした。その基本活動を通じて、社会における価値創造に貢献してきたわけです。しかし現代において、それは企業が当然果たすべき役割とされ、さらにその先に何を達成しようとするのかという企業側の一歩踏み込んだコミットメントが求められています。

最近、特に企業への期待が高いのは、さまざまな社会課題や政治的方針について、自身の意見を世間にしっかりと表明するアクティビストとしての行動です。これは事業会社としての業績の維持や株価向上だけではなく、企業が関わるさまざまなステークホルダーの要求にこたえていくステークホルダー資本主義時代における要請とも言えます。これまで各企業は、自社商品を提供する顧客を中心に向き合い、また一方で株価を支える株主、特に機関投資家の株価優先の短期的利益に振り回されていました。その振る舞いでは時に自社都合優先が目立ち、メッセージが二転三転するなど、見ている側からもその不安定さに不安がよぎることもあったでしょう。しかし今は、それ以外の各ステークホルダー、すなわち従業員や就職予備軍である学生、サプライヤーや事業活動を営むエリアの地域行政、あるいは今後獲得したい個人株主など、それぞれの立場における目線で、その企業の一挙手一投足が評価に値するかどうかが観察されているのです。

その視点は、「この企業は社会に必要な存在かどうか」「この企業は私たちと共に歩むべき仲間かどうか」を判断するためのもので、まずその意思表明を求められるというわけです。そし

Column

既存ルールを変えようと、ブランドが積極的に動いた NIKE「Swoosh Vote」キャンペーン

同性婚合法化を支持する
キャンペーン「Swoosh Vote」

オーストラリアでは、2004年にハワード政権が「結婚とは男性と女性の間で行われるもの」という「Marriage Act」を制定して以来、同性婚が禁止されていました。そのため、2017年時点では、英語圏の国で同性婚が認められていない唯一の国となっていたのです。2017年、オーストラリアで「同性婚」の是非を国民に問う郵便投票が行われました。ナイキは、「競技場の中であろうが外であろうが、人は平等でなくてはならない」という信念を持っており、このタイミングでおなじみのロゴ「Swoosh（スウッシュ）」を投票のチェックマークに見立てたビジュアルで、同性婚支持のキャンペーンを展開しました。大型店舗の入り口の壁から、レシートの紙、紙のショッピングバッグに至るまで印刷された「Swoosh」マークは、“賛成”投票のシンボルに変化しました。インフルエンサーには、このキャンペーンの限定商品であるシューズがデザインされ送られたのです。シンプルなアイデアでしたが、ブランドロゴから伝わる強いメッセージが、見た人の心を一瞬で揺さぶりました。

ナイキ以外のブランドによるキャンペーン展開も重なり、数々の働きかけが世論の波を増幅し、2017年9月から2カ月間にわたり行われた国民投票では、全人口の79.5％に当たる1270万人が投票に参加。賛成62％、反対38％で「賛成多数」という結果に結びつきました。そしてついに、同年12月に正式に同性婚が合法化されたのです。

Nike「Nike Australian Marriage Equality Swoosh Vote」｜Cannes Lions 2018
https://www.youtube.com/watch?v=Y2bB-wo7tlY

てその意見に賛同できれば、その企業は生活者と同じ側にいる者として認知、評価されます。もちろん、その意見には賛否があり、生活者側も一枚岩ではありません。時にはどちらの仲間として認識されるのかによって、反対意見のコミュニティからは厳しい目で見られたり、あるいは商品・サービスをボイコットされたりという憂き目に遭うこともあります。しかし意見表明しないものには社会と関わる意志がないと見なされ、優柔不断なスタンスは当然のことながら全ての生活者から不信感をもって見られることとなります。そしてそのブランドや企業は購買の選択肢や就職先として積極選択されなくなるのです。

海外の事例を右のコラムで紹介していますが、とはいえ、急に意見を表明せよと言われても、戸惑う企業は多いでしょう。賛否渦巻く微妙な問題であればもちろん企業もそこへの関わりを逡巡するでしょうし、その時々のタイミングによっても意見が変わるのは当たり前です。ただ先にも述べたように、企業は一市民と同様、社会とどう関わっていくつもりなのかを表明することを求められ続けます。となれば、やるべきことは明白です。経営者は企業がどういうスタンスで今後社会に対して向き合っていくのか、その指針をしっかりと固めておくこと。またその指針がその時々において正しいのかを確認し続けることです。このような準備ができていれば、いつその意見を求められようとも、自ずとそのメッセージも決まってくるはずです。

この意見表明に際し、気をつけるべきこともあります。それはオーセンティックであること。すなわちその企業やブランドの価値、あるいはパーパスに沿っているものであるかどうかの確認です。自社のスタンスと全ての企業活動が常に連携されているかを確認することは重要で、そのズレが残っていると足下を突かれる危うい状況になりかねません。また己が正しいと進んできた道も、生活者の価値観が変われば、多くの企業にとってそれが突然の決別宣言ともなり得ます。まるで熟年離婚のように、知らず知らずのうちに両者の価値観が乖離していたという状況に近いのかもしれません。いや、その乖離はそもそも長年にわたり存在しており、そのギャップに耐えかねての一方的な離別という状態に至る場合もあるでしょう。まるでアレルギーのように、身体への不適合が蓄積してきたことに気づかず、ある日突然に発症するという事態は得てして起こりがちです。大切なのは自社のスタンスを確認し、強化を図りつつも、常に社会や生活者と対話し、相手の気持ちに寄り添い、多様な意見に耳を傾ける姿勢であり、それによって正しい自社環境を知ることです。この自己分析を怠るとその不平不満は各所で一気にあふれ出し、取り返しの付かない状態に陥ることになるのです。

意見を表明しない者に付いていく者なし

またブランド・アクティビズムは対外的なコミュニケーションに必要なだけではありません。それは従業員などへのインターナルコミュニケーションにおいても重要な役割を果たします。南カリフォルニア大学が毎年発表しているグローバルコミュニケーションレポートの2023年版でも、企業の評判を牽引していく存在として従業員がトップに位置しており、顧客のポイ

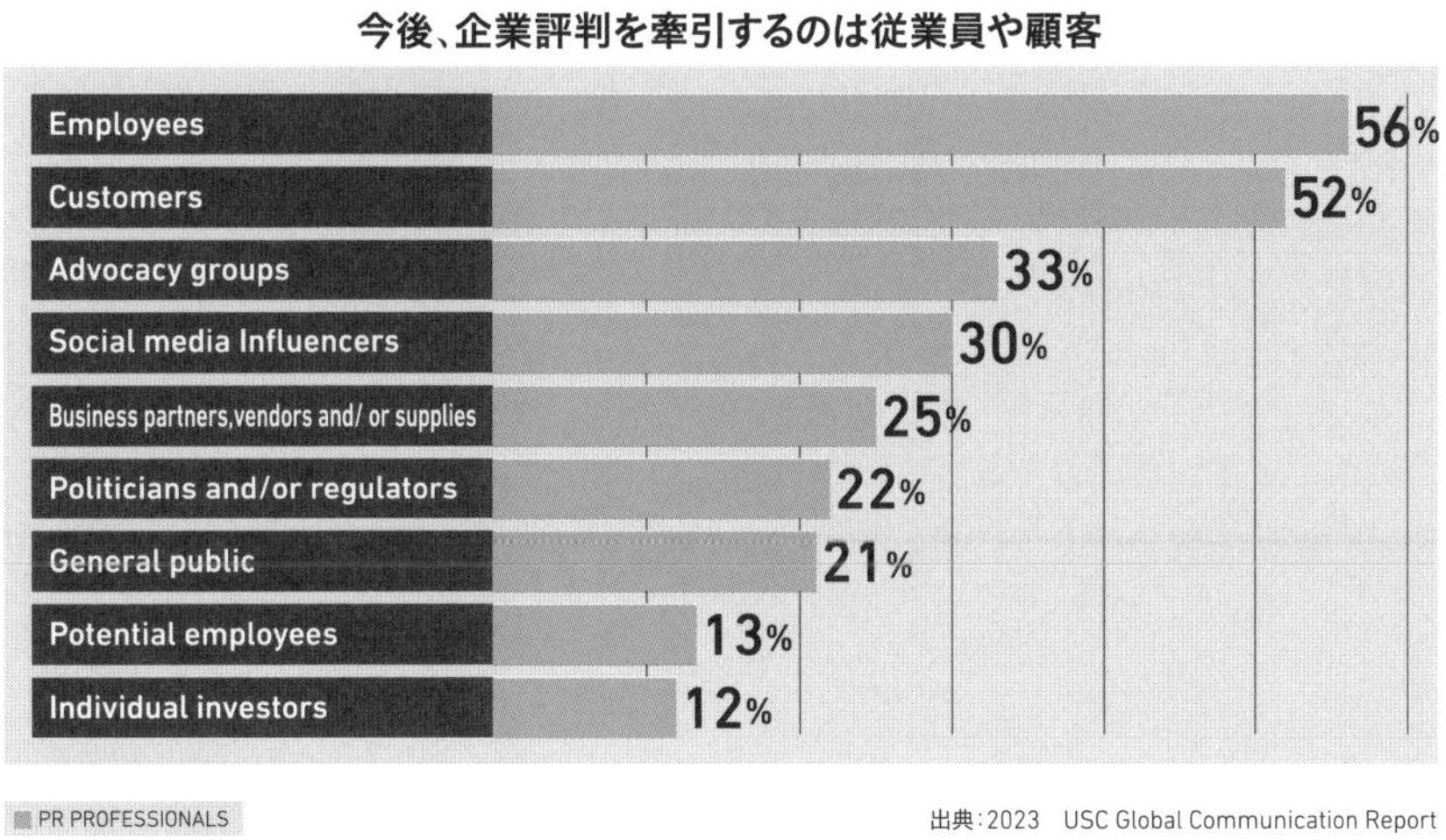

出典：2023　USC Global Communication Report

図2 今後の企業評判を牽引していく存在

ントを上回りました（図2）。自身が所属する企業が、社会で議論されるさまざまな問題に対してどういう意見を持ち、行動していくのか、その具体的な発言を従業員も知りたいのは当然でしょう。そこに共感が持てれば所属企業へのエンゲージメントも高まり、働くモチベーションも上がるはずです。

一方でその指針に共感できなければエンゲージメントは下がり、結果、労働意欲や作業効率も減退していきます。心の持ちようで、企業の生産効率も変わってしまうわけです。このように各ステークホルダーに多様な影響を及ぼすブランド・アクティビズムは、対外的発信とともに、そこへのコミットメントをしっかりと社内へも周知徹底し、浸透させる必要があるのです。

実際のところ、日本ではこれらの活動が欧

米に比べて少し出遅れ感があったのは否めません。「和をもって貴しとすべし」という気質に慣れ親しんできた私たちは、そのはっきりとした姿勢を示すことにためらいがちです。自身の意見は持ちながらも、少なからず反対の意見を持つグループの存在に配慮し、つい曖昧な態度をとってしまうことはよくあることでしょう。結果、声大きく、意見表明した存在に引きずられて大勢が決まりかけると、そちらに迎合し事なきを得るのは政治の世界でも数多の例を見ることができます。波風立てずに友達と付き合うことが平和に学生時代を過ごす唯一の方法だったならば、あえて声を上げないという選択をすることもあるでしょう。あるいは企業やブランドが政治に介入すべきでないという社会通念によるものもあったかと思います。

一方の欧米含むディベート文化では、意見し対話を重ねることで着地点を見いだすステップが子どもの頃からのお作法です。意見を持たない人間はそのコミュニティでの存在感を失い、その立場は軽んじられてしまいます。それを身にしみて知っているから、彼らはしっかりと個々の意見表明をする習慣ができているのではないでしょうか。企業というレイヤーというよりも、はっきりもの申すスタンスが個人に身についていることが、ブランド・アクティビズムに対する受容度の違いにも現れているのかもしれません。

しかし、日本企業であっても海外でビジネスを展開する企業は、その国のステークホルダーの声に耳を傾け、寄り添わねば選ばれるブランドとなりえません。日本では過去、「ノーコメント」といったニュートラルな立場で押し通すことができたこともありましたが、グローバルなオーディエンスに向けては意見を表明し、しっかりと問題に対して議論する姿勢を身につけることが必要です。より積極的に渦中に飛び込んでいく勇気が、日本企業にはますます求められることとなるでしょう。

視点4
パーパス 意見表明から、寄り添う立ち位置へ

一方、このような社会に向けての積極的発信に各社が取り組みつつも、その先のステークホルダーの関心において大きな変化があることを見逃してはなりません。特に昨今問われる「パーパス」については、自社の企業理念やミッション・ビジョン・バリューとも照らし合わせつつ、再確認をする企業が増えています（図3・図4）。それは企業の社会的存在意義、すなわち社会に対してどういった役割を担えるのかの自己評価でもあります。確かに相手から「あなたは私にどんな価値を提供してくれるのですか？」と問われたとき、その提供価値をしっかりと口に出して言えるかどうかは極めて重要です。ブランド・アクティビズムにおけるイニシアティブが〝オーセンティック（＝正当）〟であるためにも、パーパスやバリューの再確認は必須となりそうです。

しかし、それがこれまで同様に「金やモノを提供し、人々のつつがない暮らしを支えている」と答えたら、相手はどう感じるでしょうか。現在で言えば、それは相手からすれば最低限の責務を果たしたに過ぎないと捉えられる時代なのです。両者においてこの関係が、今後どのよう

パーパスや企業理念を設定している上場企業は半数以上
エンゲージメントの強化にも貢献

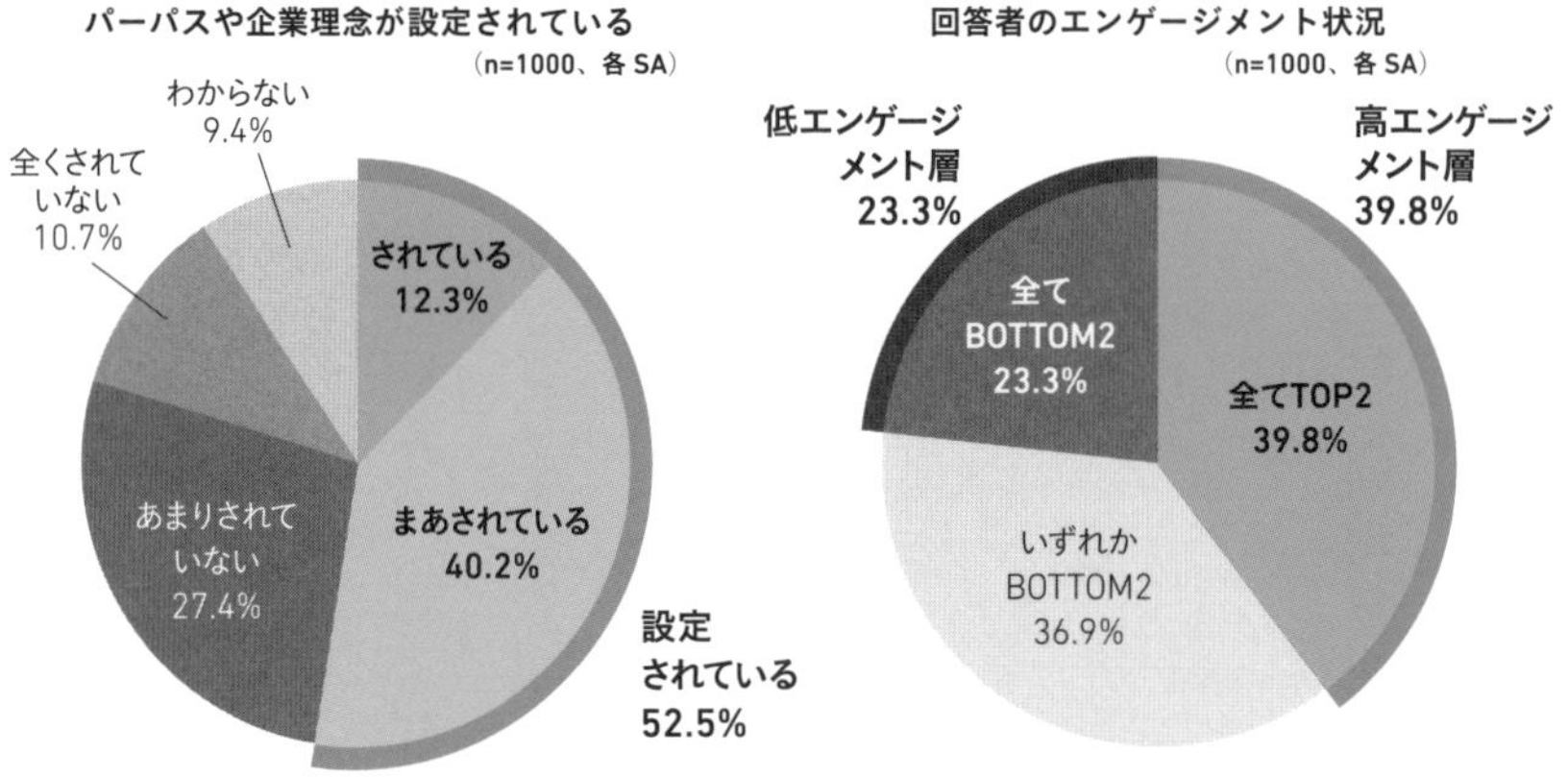

図3

業績が好調な企業ほど
パーパスや企業理念の浸透や仕組みづくりに余念なし

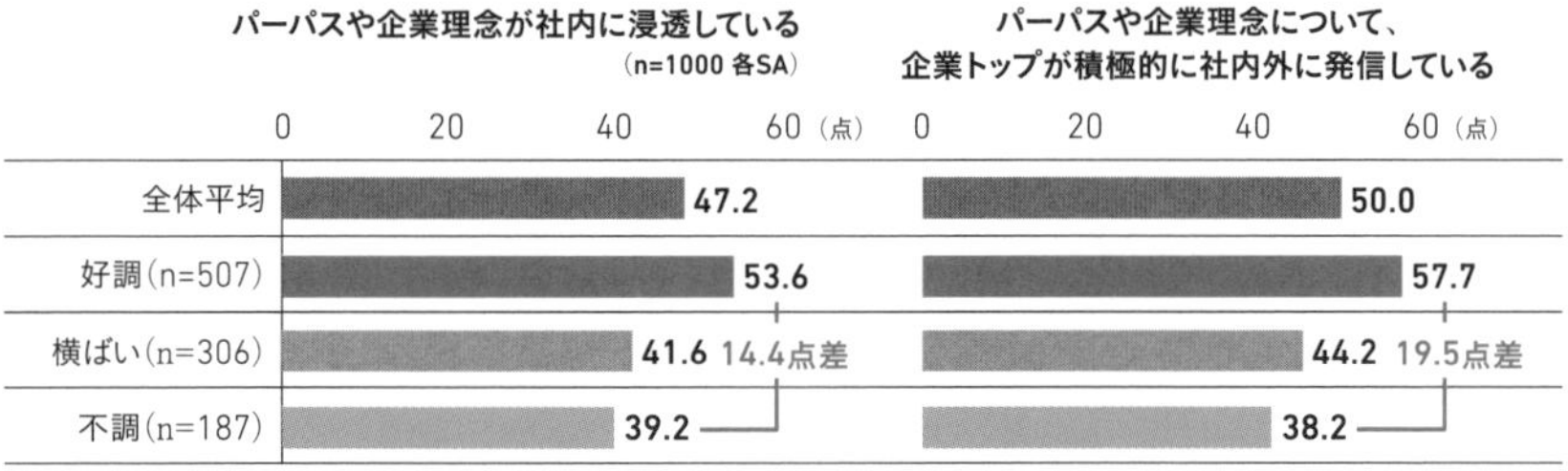

図4

第3回インターナルブランディング®調査/企業広報戦略研究所

な価値を生み出すのか、その先にさらに達成されるゴールを指し示してこそ、その関係性を維持するモチベーションとなるのです。現状維持ではもはやこれまでの関係性は保てない環境となっています。そのために企業はこれまでの立ち居振る舞いを再点検し、新たな環境でどのようなWin-Winの関係性を築けるのか、また何かを目指し共創することができるのかを相手に伝えなければなりません。そしてそれは独りよがりであってはならず、相手の意見に耳を傾けながら、その目標を定めていくことが重要です。一方が勝手に考えたゴールは、得てして押し付けになりやすく、双方の対話を重ねることにより、両者の納得感あるゴール設定がようやく可能となるのです。

これはこれまでのモノやサービスを提供する側とそれらを購入する側といった立場から、両者が共に歩もうとする立場に変化してきたことから起こっているようにも感じられます。ある意味、企業が社会や生活者からその実行力を認められ、信頼され、仲間として迎えられたということ、そしてさらにまた頼られる存在になったということでもあり、それは企業として歓迎すべきことでしょう。

視点5

ナラティブ 発したメッセージは受け手側のものに。どう語られたかに向き合うレピュテーション・マネジメント

さて、企業が生活者にメッセージを届ける際にもトレンドがあります。その一つの型が「ナラティブ」というもの。2013年のSXSW（世界最大級の複合フェスティバル、サウス・バイ・サウスウエスト）でもストーリーと対峙させて語られた概念であり、日本でもようやく2017年頃から議論されるようになりました。とはいえ、その実践においてはまだまだ手つかずの印象です。「ナラティブ」は基本的には「物語」や「語り口」と訳されますが、企業側が発信した情報に対し、受け手がそれをどう受け止め、どう語るのかという受け手側の視点に立った情報の状態と考えるのが良いかもしれません（図5）。これまでは企業の想いをよりわかりやすくステークホルダーに届けるための手法として「ストーリー」という概念がフィーチャーされていました。これは始まりと終わりのある、完成された物語であり自分たちの伝えたいことを、企業の視点で語りかけていく手法です。ナラティブと同じく「物語」ではありますが、これも重なる部分はあるものの全く異なるものなのです。それは「ストーリー」は企業自身が考えた固定された物語であるのに対して、「ナラティブ」は受け手側も登場人物として含んだ物語であるということ。そしてストーリーとは違い、終わりがなく、受け手・語り手によってさまざまなバージョンが存在するのです。

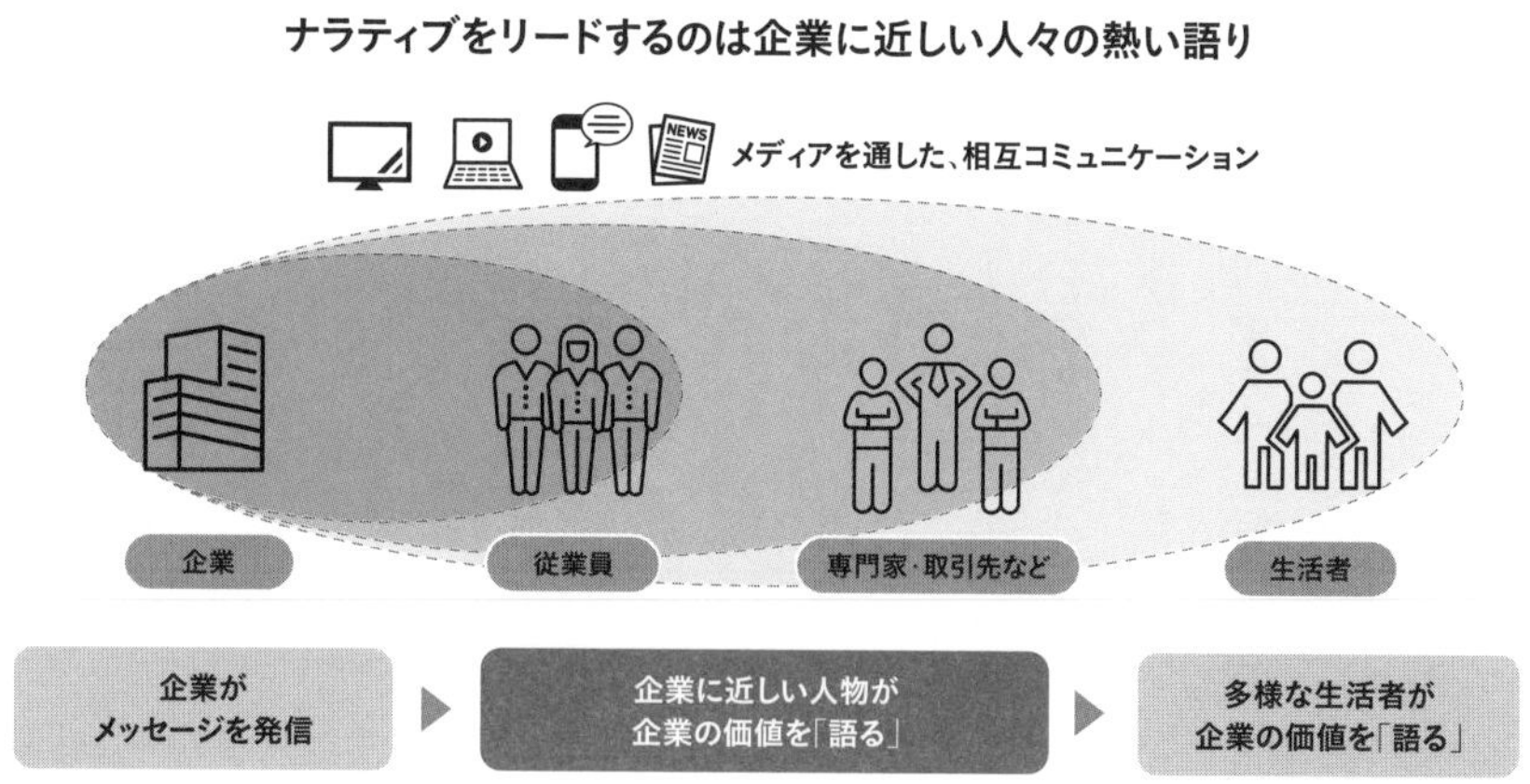

図5 ナラティブの概念イメージ

もちろん、多様な捉えられ方を許容しながら、少しでもこちらの企図するイメージを増幅させたい気持ちはあるでしょう。ここでも強い味方になってくれるのは従業員などインターナルのメンバーです。なぜなら企業の一番身近におり、その日々の考えと行動を肌で感じているのが彼らだからです。第3章「人的資本経営の鍵となるインターナルブランディング」で述べたように、これら身近にいる仲間を特に大切にし、一枚岩で情報発信できることは理想の形と言えます。大きな塊としての企業体はありつつも、それを構成しているのは個々の社員です。もちろん情報発信を一元化し、ブレがないようにと広報部などの組織が情報発信を統括するやり方もありますが、実は社会との接点を一番多く持っているのは社員なのです。自身の仕事について家族に語り、家族が知人・友人に語り、とリアルな顔の見えるコミュニケーションでその熱さは伝わっていきます。いわば企業版のファンマーケティングのようなもの。あの企業は社会に絶対に必要だし応援したいね、と言われたらうれしいですし、それが自身に近しい存在からそう思われていればさらに喜ばしいことですね。

視点6
コレクティブ・インパクト
各レイヤーでの緩やかなつながりが共創を促し、イノベーションを生み出す

パーパスの話をしていると、よく聞かれるコメントに「自社でそこまで社会に貢献できる自信がない」「そんな大それた宣言はおこがましくて恥ずかしい」といったものがあります。確かに自身が社会をよくすると宣言するには勇気がいるかもしれませんし、後に責任を問われるのではないかと不安になるのもわかります。しかしその姿勢を明らかにすることは大切ですし、また独りでそれを背負い込む必要はないのだということをお伝えしておきたいのです。

実は現在のコミュニケーションにおいて重要かつ注目されているのが「仲間づくり」です。とはいえ、大企業同士が協働するにはいろいろな制約もあり、スムーズにコトが進まないことも多いようです。それぞれの思惑が少しでもズレると、せっかくの意思ある取り組みも途中で頓挫しがちです。しかし、日本でも強い意思を持って組織を離脱し、個人事業主として活躍する人も増え、それぞれが強い想いや卓越したスキルを持って社会を変えようとしている例も数多

くあります。このような個々散らばる存在の力を束ねることができれば、それは大きな推進力になるはず。これまで企業と生活者の関係性という視点で多くを語ってきましたが、生活者も企業の横に協働・共創するポジションに立つこともあるでしょう。登場するプレーヤーはますます多彩になり、その関係性が複層化してきているのは間違いありません。与え、与えられるという関係を超え、協働・共創する仲間としてそのレイヤーも多様になってきています。個人の強い想いやアイデア、企業の実行力、NGO／NPOの倫理観、メディアの情報発信力など、それぞれの強みが補完し合い、これまでに成し得なかった取り組みも実現に至るケースが増えているようです。

「コレクティブ・インパクト」は、ある社会課題に対して個々の強みを活かして有機的な役割分担を果たすスキームとして、欧米ではさまざまな成功ケースがあります。日本でもそういった取り組みをリード、マッチング支援するNGO／NPO組織や企業コンソーシアムも出てきました。その動きの中で顕著なのが、先の個々人を巻き込む組織体系であり、逆に言えば個人がリードし、そこに企業などの組織がサポートを行うという形が増えてきていることです。また企業と言えども、その中の一部組織でそういった取り組みを推進する部署をつくり、そこに積極参加するメンバーがそのチームを先導していくケースも増えています。いずれにせよ社会課題解決への取り組みは、関与するメンバーの強い意思こそが成功の鍵を握ることが多いようです。

早稲田大学大学院教授の入山章栄氏は、著書『世界標準の経営理論』の中で、「『弱いつながりを豊かに持つこと』がイノベーションを引き起こす上で重要」と述べています。確かにイノベーションは、何もないところから突如として生まれるものではなく、既存の、既知のものの意外な掛け合わせから生まれると言われます。ノーベル賞受賞者の中にも、「あのときの偶然が、この画期的発見につながった」と語る人が数多くいるのにも合点がいきます。個々人が持つアイデアやスキルが卓越したものであったとしても、同様の属性の集まりの中では想定内の議論に収まり煮詰まりがちなのに対して、まったく畑違いの人たちとの交流によって、意外性ある掛け合わせが生まれ新たなヒントが見つかることもあるでしょう。このような出会いがきっかけで化学反応が起こり、イノベーションにつながるというのは、まさに道理と言えるでしょう。

また入山氏は、「副業が増えていることにも表れているように、さまざまな人が、企業の境界を越えて行き来し、人脈をつくり、情報を交換していく『人と人の社会的なつながり』が重要となる」「企業の存在は薄れ、ネットワークというアクターが台頭する」ことで、旧来の企業という単位の存在意義そのものが薄れていく可能性もあるとも述べています。その一方、先に述べた弱いつながりから引き起こされたイノベーションは、逆に強いつながりによって実践化されると言います。それはすなわち特定領域に深い専門性と実行力を持つ企業の出番ということなのかもしれません。

このようにこれからのチーミングは大小さまざまな単位が混在することが当たり前になり、個々の存在というよりもそのつながりそのものが価値となるというのも、先のコレクティブ・

Column

社会を変える担い手は、個人か企業か行政か？

コレクティブ・インパクト推進のために定期開催されるETIC.／and Beyond カンパニーによるカンファレンス「BEYOND CONFERENCE」。企業や団体のみならず、個人がリーダーとなり進むプロジェクトも多数あり、課題解決への相乗り機会を提供している。

コレクティブ・インパクトを推進するNPO法人ETIC.では、個々人が持つ取り組み事案をアジェンダと呼び、そのリーダーを「アジェンダ・リーダー」と呼んでいます。このアジェンダ・リーダーはすでに500名を超え、各所で会合を開いては不足する要素を洗い出し、またそこに参画してくれる存在を探しています。それは個人でも企業でも分け隔てなく、ただその思いが重なり、目指すゴールが一緒ならまずは一緒にやりましょうというスタンスです。また自分がどんな役割を果たせるかはわからないが、そのゴールを一緒に目指したいという人々も受け入れ、普段の対話の中からその役割を見つけようとしてくれるのです。不思議なもので、最初のうちはその役割もわからぬまま参加していた人々も、いつしか自身が貢献すべきパートというのを明確に意識するようになると言います。昨今、「不確実性の高まる世界にどう臨むか」という言葉を頻繁に耳にしますが、不確実性とはネガティブな状況ばかりを予測するものではなく、良き形に転じる場合も存在するはずです。このような緩やかな協力の中で、新たな形での社会課題解決の方法が見いだされ、達成につながる機会が増えることを期待したいものです。

インパクトに通ずるところがあるようにも思えます。境界を越えた仲間づくり、すなわち協働・共創がイノベーションに近づく一つのきっかけになる可能性が高いことは間違いなさそうです。

視点7
ソーシャルコミットメント「PR4・0」に向けて、傾聴のスタンスをベースに「身の丈の社会貢献」から「ソーシャルコミットメント」へ

最終章である本章のタイトルは「PR4・0実践に向け留意すべき7つの視点」です。これまでに6つの視点を展開してきました。そして、最後の7つ目の視点。それは「ソーシャルコミットメント」です。それはどういう視点なのか、ここでお伝えしていきたいと思います。

ここまで見てきたように、これからのコミュニケーションのあり方は傾聴の姿勢を基本とした、生活者や社会との協働・共創がポイントとなると考えます。自社はこう考え、こう行動しますという独りよがりの指針は受け入れられず、常に客観的視点での指針の設定と継続的な自己診断が必要です。それを実現するには、多様なステークホルダーに対して謙虚に聞き続ける傾聴の姿勢と、それぞれのニーズに対して自社活動をどうアジャストしていくかの計画策定が重要になります。これは生半可なことではありませんが、360度の関係者と顔を突き合わせながら、自社に対する正直な評価を引き出し、そこに向き合ってこそ真に社会から必要とされ

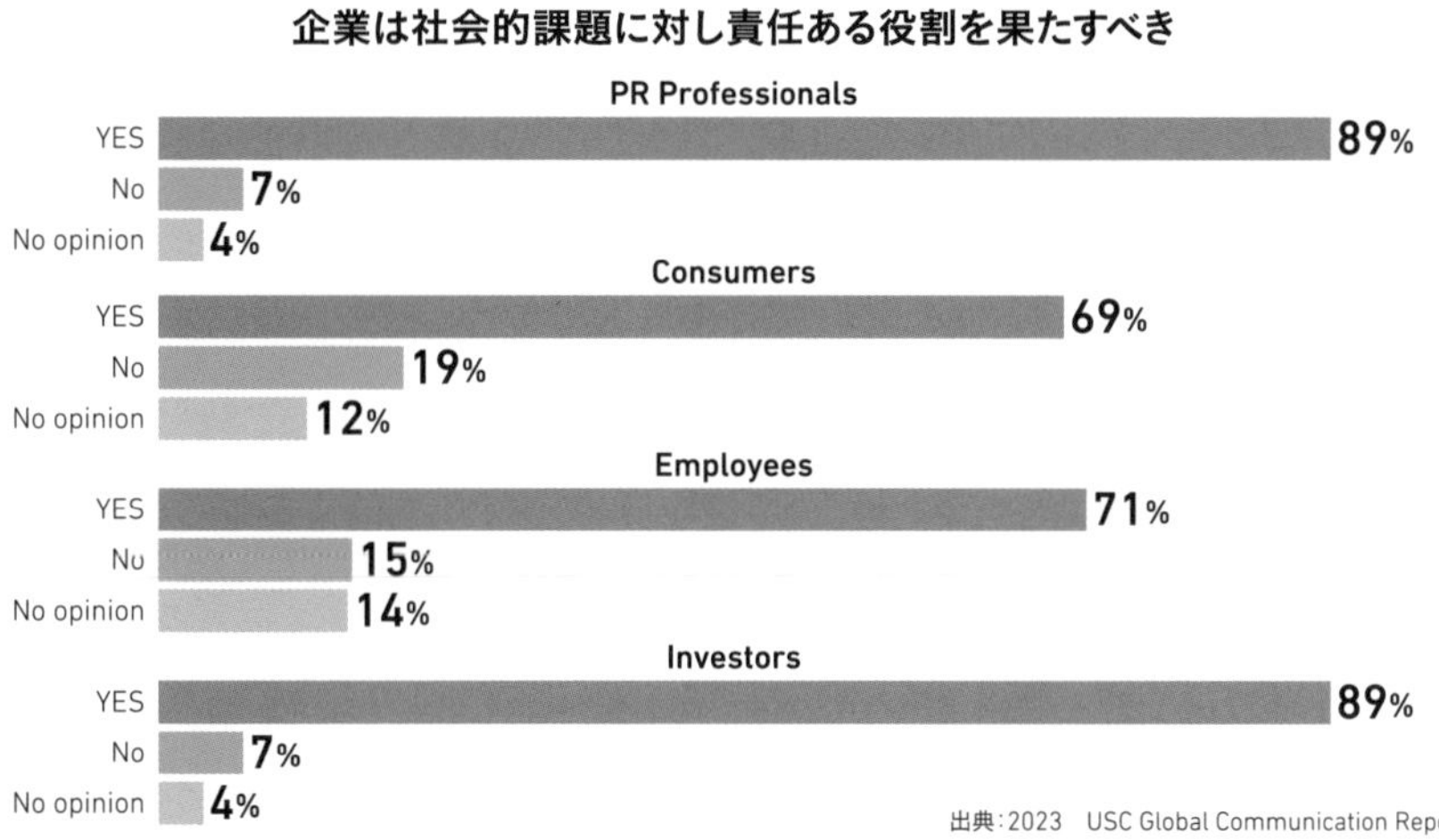

出典：2023　USC Global Communication Report

図6

る、また信頼・期待される存在となれるのです。

一方、それらのポジション強化、またそれを維持・拡大していくには、先にも述べたインターナルの協力が欠かせません。従業員とその家族、さらには日常のビジネスで継続した深い関係を持つ取引先関係者など、まずは近場の評判を高めていく必要があります。従業員なのだから大目に見てよという甘えはここでは許されず、親しいからこそ正直に、また忖度のない対話が必要とされます。さらに言えば、親しいからこそ、ガバナンスを含めた企業の善し悪しも知り尽くしているわけで、その悪しき部分が拡張し、内部においても不満が高まれば、それは社外に噴出し、自社のレピュテーションを極端に貶《おとし》めるきっかけとなる可能性さえあります。企業の社会的責任をパーパスとして設定し、そのゴールを目指して社内の心を一つにするべくインターナルのエンゲージメント向上を図り、働く人々もそこに誇りを持てるようになってこそ、その社会的責任を果たすための一歩を踏み出せるはずです。そして、そのためには、企業のトップ自らが率先して、さまざまなアクションを起こしていかねばならないというのも先の南カリフォルニア大学のコミュニケーションレポートで示されています（図6）。

では、これからの企業は何を意識すべきなのか。それが「ソーシャルコミットメント」です。パーパス設定で明らかになった自社の社会的存在意義をバックボーンとしながら、具体的にどのように活動し、何を達成すると社会や生活者に約束するのか、それをしっかりと明言し、実行するということ。一企業市民としての責任と義務を果たし、さらに社会の公器として公明正大に立ち居振る舞うことはもちろん、できるならばさらにもう一歩踏み込んで、どこのどの問題解決に取り組み解決するのかまでを宣言することが現在は求められます。何か問題があれば、という待ちの姿勢ではなく、積極的に自社が関与する領域、テーマを探し、可能ならば事業領域に照らし合わせ、複数の課題解決に取り組むことが望ましいでしょう。

また以前は事業領域と関連のない社会課題に取り組むと、なぜその企業がそのような活動をするのかと批判もされ、表面的な人気取りのための活動と捉えられることもありました。しかし多くの国で、政府が社会課題の解決をできない状況を受け、生活者やステークホルダーはその解決を企業やブランドに求めるようになっています。企業やブランドが取り組む社会課題は、社員、株主、顧客、地域住民などのステークホルダーが選ぶ時代となっており、その要請に対して耳を傾け、そこに何かしらの貢献ができないかを考え、部分的にでも関与していく準備をしておくこともまた必要となってきそうです。

数多の期待を背負う一方で、全てを自社で背負おうとしなくていいというのも先に述べた通りです。部分的にでも、自社のやれる範囲でやる、そしてまた余裕ができれば、あるいは課題解決が進めばさらに対象を拡張して取り組めばいいのです。もちろんその成果を生活者は期待しますが、完璧ではなくてもいいので、進捗状況を公開し、今後の目標などを明らかにすることが重要です。

企業は今こそ現代における自社の存在意義を再度確認し、パーパス設定を行い、社会のためにできることを「ソーシャルコミットメント」という形で明言・実践することで、社会と一体化し、社会を支える存在となれるのです。これがいわば企業における今後のＰＲのあり方であり、「ＰＲ４・０」に値する取り組み指針となると私たちは考えています。

しかし考えてみればこれもまた「Public Relations（社会との良好な関係づくり）」という根源的な思想と照らし合わせてみると、なるほどという原点回帰であることに気づかされたように思えてなりません。今一度、このPublic Relationsと向き合い、私たちができること、すべきことを議論したい気持ちが沸々と湧いてきたところで、筆を擱きたいと思います。みなさんと向き合い、議論し、次は「ＰＲ５・０」を定義できることを楽しみにしています。

おわりに

本書では電通ＰＲコンサルティングの研究機関である企業広報戦略研究所をはじめ、さまざまな機関のデータをもとに現状を分析し、来《きた》る未来の予測をしています。
「企業広報戦略研究所」は２０２３年12月で設立10年を迎えましたが、この10年の社会情勢の変遷をみても、経験や勘ではなく客観的なデータやオーディエンスの声に傾聴することこそが、企業・組織の持続可能な成長の条件となっていることがわかります。企業の価値は株主や顧客だけではなく、広く社会が評価するものであり、レピュテーションマネジメントは、今後もますますその重要性を増していくでしょう。そして今もビジネス環境は刻々と変化しています。

本書は、変化を拒み、これまでと同じやり方に固執するよりも、変化を受け入れ、かつ、企業やブランド側から変革を起こしていくことが求められる時代が来ることを示唆しています。

執筆にあたり、多くの企業・団体、メディア、専門家の皆さまにご協力をいただきました。お忙しい中での取材やコメント他、貴重なデータ等を提供いただき、あらためて感謝申し上げます。

そして、本書の基礎となった月刊『広報会議』での連載および本書の出版に携わっていただいた浦野有代編集長と電通ＰＲコンサルティングの連載執筆者含むサポートメンバーにもこの場を借りて感謝の意を伝えたいと思います。３年間の連載が好評でなければ、この本の出版計画はありませんでした。

最後に、この書籍を手に取ってくださったすべての方に心からの感謝を捧げます。皆さまの関心が、私たちの仕事に意味を与え、さらに多くの知識を共有する動機となります。

この書籍が、読者の皆さまのお仕事に少しでも新たな視点をもたらし、実務に役立てていただけることを心から願っています。

株式会社電通ＰＲコンサルティング　企業広報戦略研究所　副所長　末次 祥行

解説

次なる段階へと進める広報部門とは――『PR4・0』に寄せて

「前例踏襲の計画になりがち、新たな視点がほしい」。そんな広報担当者にとって、刺激となる提言が詰まっているのが本書です。これからの広報活動はどこに向かい、何を意識すべきなのか。電通PRコンサルティング 企業広報戦略研究所の豊富な知見をもとに、読者を導いていきます。

パブリックリレーションズの潮流をもとに「PR4・0」の方向性を考察する最終章（第7章）では、広報活動の「発想の転換」につながる指摘がなされています。その一つが「マスメディアからマステーマへ」。情報の流れがソーシャルメディア、オウンドメディアと複層化する今、メディア選びや情報経路から考え始めるのではなく、まず多くの人に関心のあるテーマを見つけ、自社との関連を検討し、そこからターゲットをくっていく考え方を示しています。意見を言いたくなるようなテーマのもとには、人々が集い対話が生まれる。そう捉えれば、ターゲットの絞りにくさを感じている広報担当者も、新たなアイデアを生み出しやすくなるはずです。

もう一つ注目したいのは「ソーシャルコミットメント」というキーワード。第7章では、自社が関与する社会課題について、できることを明言、実践していく重要性を指摘しています。

この1年で月刊『広報会議』に掲載した事例を振り返ってみると、「コンプライアンス違反のあった事務所のタレント起用に関して、自社の人権方針にもとづき今後の対応について発表」「たばこ販売終了の理由を、健康を推進する自社の理念に反するため、と公表」「離乳食無料サービスの炎上に対し、理念とサービス開始の経緯を丁寧に説明する声明を公開」のように、社会に向けて意思を表明し企業姿勢を印象づけるような広報活動が、注目を集めていることがわかります。「社会の一員として、パーパスに沿って、企業活動の意思決定をしている」。そう発信することができれば、情報の受取手にとっては納得感があり、ひいては自社の評判を高めることになる――。このことに気づいた広報部門は、日常業務とパーパスとの結びつきを実感できるコミュニケーションを社内外で繰り返しながら、いち早く「PR4・0」の領域へと進むことができるのでしょう。

もちろん、これは決して簡単にできることではなく、熟練した広報スキルが問われます。しかし広報部門が一歩踏み出し、ここにチャレンジできるかどうかが、組織の将来を左右していくように思えてなりません。慢性的な人手不足が続く中でも、優秀な人材や共創相手を惹きつけるのは、ソーシャルコミットメントを意識したコミュニケーションができる企業になっていきそうです。AIなど日々の広報業務を自動化、効率化する環境が整えば、より本質的な広報活動に注力しやすくなります。ステークホルダーの声に耳を傾け、世の中の関心と自社との接点を地道に検討し、そこに主張を織り交ぜていく。そうした「PR4・0」への進化が、テクノロジーの発展と共に加速していくことが期待されます。

本書は、『広報会議』で36回にわたり連載した「データで読み解く企業ブランディングの未来」

がベースとなっています。テーマごとに異なる広報戦略・経営戦略のプロが登場し、調査データや事例を提示しながら解説する内容は、今後の広報活動の道しるべとなるものです。広報実務を筋道立てて捉え直し、新たなステージへと進みたいとお考えの方は、ぜひこちらの連載にも目を通してみてください。

株式会社宣伝会議　『広報会議』編集長　浦野有代

月刊『広報会議』連載　2020年8月号～2023年7月号
「データで読み解く企業ブランディングの未来」執筆者一覧

第1回　ニューノーマル時代の従業員エンゲージメント／阪井完二
第2回　SDGsで考える企業ブランドのあり方／戸上摩貴子
第3回　ソーシャルリスニングから“ハンティング”へ／増田 勲・鶴岡大和
第4回　コロナ禍でも企業の魅力を損なわないために／戸上摩貴子
第5回　ニューノーマルにおける広報戦略立案のススメ／中 憲仁
第6回　大統領選挙から読み解くPRコミュニケーション／許 光英・関口 響
第7回　危機に鍛えられるリスクマネジメント／坂本陽亮
第8回　Withコロナ時代のトップコミュニケーション／橋本良輔
第9回　今こそ見直す広報効果　慣習を断ち切り測定を／酒井 繁
第10回　意味のリニューアルでロングセラーを再活性化／根本陽平・植野友生
第11回　“無自覚”が引き起こすソーシャルメディア炎上／池田愛之
第12回　広報が「企業姿勢」発信し価値を創出する時代へ／横山遼大朗・坂本陽亮
第13回　米バイデン政権で変わる日本企業の対応／許 光英・関口 響
第14回　会社に無関心な時代の社内リレーション手法／高橋洋平・陳 妃史
第15回　今、広報が知っておくべきフェイク情報の脅威／森嵜渓登
第16回　広聴の視点でオウンドメディアを活用する／細川一成
第17回　これからの広報戦略に必須の社会価値視点とは／西山友佳子
第18回　リスクマネジメントの新潮流～ESG経営の留意点～／久保勘太良
第19回　ステークホルダー資本主義時代の広報戦略／生井達也
第20回　ステレオタイプを見逃さない感情リスクチェック／小野真世
第21回　変わるメディアの情報発信戦略／今井慎之助
第22回　グローバルメディアの潮流とPR／藤井京子
第23回　グローバルリスクの把握なくして企業の成長なし／酒井美奈
第24回　“伝える”よりも“伝わる”インターナル広報を／末次祥行
第25回　企業ミュージアムとそのPR的資産価値の変化／井口 理
第26回　変わるPRイベント・記者会見／斉藤 裕
第27回　LGBTQ＋と広報の役割／南部哲宏
第28回　周年事業は「3つのシンカ」で企業成長チャンス／松尾雄介
第29回　「人」起点のESGブランディングとは／中尾結花
第30回　コミュニケーションにおける“人権意識”の再考／川合 慶
第31回　新「広報力調査」で企業の新たな課題が顕在化／劉 楊
第32回　オフィスと働き方はパーパス表現として発信／森 佑奈
第33回　広報視点で捉える法改正・ルール変更と広報環境／中 憲仁
第34回　多様な受け手に届く「マルチコンテクスト」／平林未彩
第35回　企業への多様化する期待 イシュー起点のPRが鍵／坂本陽亮
最終回　企業ブランディングで未来を変える／中川郁代・井口 理

※2022年8月号連載25回から「PR思考で読み解く企業ブランディングの未来」に変更。

ニング、ワークショップの開催を通じて危機管理広報、コーポレートコミュニケーション戦略の立案・支援に従事。日本PR協会認定PRプランナー。

中川 郁代（なかがわ いくよ）
電通PRコンサルティング
統合コミュニケーション局
チーフ・コンサルタント

官公庁・企業のPRイベントの企画立案、実施運営に長く従事。育休復職後は管理部門で社員の働き方含め、ナレッジシェアなど社の業務効率化を推進。また自社の企業理念の開発業務にも携わり、現在は社内外のブランディングをサポートする他、インターナル施策などの企画実施も行う。共著書に『企業ミュージアムへようこそ』（時事通信社）がある。日本PR協会認定PRプランナー。

データ協力

企業広報戦略研究所
企業広報戦略研究所（2013年設立）は、経営や広報の専門家と連携して、企業の広報戦略や体制などについて調査・分析などを行う電通PRコンサルティング内の研究組織。
https://www.dentsuprc.co.jp/csi/

執筆協力

稲 東士雄（いな としお）
電通PRコンサルティング
ステークホルダーエンゲージメント局
エグゼクティブ・チーフ・コンサルタント

レジャー、メーカー、金融、運輸、流通、官公庁、自治体等の窓口としてさまざまなクライアントのPRのディレクション業務を担当。マーケティングPR、ブランド開発他、企業広報体制構築、調査、危機管理広報等の経験を持つ。（5章）

藤井 京子（ふじい きょうこ）
電通PRコンサルティング
コーポレートコミュニケーション戦略室
シニア・コンサルタント

電通PRコンサルティングのPRを担当。共著書に英文書籍『Communicating: A Guide to PR in Japan』（Wiley）、『成功17事例で学ぶ　自治体PR戦略』『企業ミュージアムへようこそ』（時事通信社）などがある。2015年に国際PR協会のゴールデンワールドアワードを受賞。日本PR協会認定PRプランナー。（序章、1章）

「新しい『企業価値』を創出する　PR4.0への提言」編著者・協力者

編著

株式会社電通PRコンサルティング
電通グループ内のPR領域における専門会社。1961年の創立以来、国内外の企業、政府、自治体、団体の戦略パートナーとして、レピュテーション・マネジメントをサポート。データ分析を行い、そこから得られたインサイトに基づくコンテンツ開発と最適な情報流通デザインを通して、クライアントと共にソーシャルイノベーションへの貢献を目指している。2009年、2015年には、日本国内で最も優れたPR会社に贈られる「ジャパン・コンサルタンシー・オブ・ザ・イヤー」を、2018年には「北アジアPRコンサルタンシー・オブ・ザ・イヤー」をPRovoke Media（旧Holmes Report）から授与。
https://www.dentsuprc.co.jp/

編著者

井口 理（いのくち ただし）
電通PRコンサルティング 執行役員

PR業界に30年超従事。「Cannes Lions グランプリ」「世界のPRプロジェクト50選」など受賞多数。またカンヌライオンズを始め、国内外各種アワードの審査員を歴任。著書に『戦略PRの本質～実践のための5つの視点～』（朝日新聞出版）、『世界を変えたクリエイティブ 51のアイデアと戦略』（宣伝会議）、共著書に『企業ミュージアムへようこそ』『成功17事例で学ぶ　自治体PR戦略』（時事通信社）などがある。日本PR協会PRプランナー資格試験の教科書も執筆。

末次 祥行（すえつぐ よしゆき）
電通PRコンサルティング
シニア・チーフ・コンサルタント
企業広報戦略研究所 副所長

広告代理店からプランニング会社を経て、2007年電通パブリックリレーションズ入社。飲料、電機、通信、IT企業、大学等のマーケティングコミュニケーションやコーポレートコミュニケーションを手掛ける。メディアオーディット、レピュテーション分析、広報効果測定、報道論調分析やソーシャルリスクなど、イシューに関連したコンサルティングを主に担当。

池田 愛之（いけだ あいし）
電通PRコンサルティング
ステークホルダーエンゲージメント局
シニア・コンサルタント／
危機管理広報コンサルタント

関西支社を経て2018年7月から現職。リスク発生時の緊急記者会見やネット炎上案件への対処のほか各種リスクガイドラインの作成やトレー

新しい「企業価値」を創出する

PR4.0への提言

発行日　2024年4月2日　初版第一発行

著者　株式会社電通PRコンサルティング
装丁　松田行正＋倉橋弘（マツダオフィス）
DTP　NOAH
発行人　東 彦弥
発行所　株式会社宣伝会議
〒107-8550 東京都港区南青山3-11-13
TEL 03-3475-3010（代表）
https://www.sendenkaigi.com
製本・印刷　モリモト印刷

ISBN 978-4-88335-600-3